Gottesdienstpraxis

Serie B:
Arbeitshilfen für die Gottesdienste zu den Festzeiten und für Kasualien

Herausgegeben von Erhard Domay
und Horst Nitschke

Gütersloher Verlagshaus Gerd Mohn

Trauung

Predigten, Gottesdienstentwürfe, Praxisberichte

Herausgegeben von Horst Nitschke

Gütersloher Verlagshaus Gerd Mohn

CIP-Kurztitelaufnahme der Deutschen Bibliothek

Gottesdienstpraxis / hrsg. von Erhard Domay u. Horst Nitschke. – Gütersloh: Gütersloher Verlagshaus Mohn
Teilw. mit sachl. Benennung d. Abt.: Arbeitshilfen für die Gottesdienste zu den Festzeiten und Kasualien
NE: Domay, Erhard [Hrsg.]
Ser. B, Arbeitshilfen für die Gottesdienste zu den Festzeiten und für Kasualien.
Trauung. – 1985
NE: Abt.

Trauung: Predigten, Gottesdienstentwürfe, Praxisberichte / hrsg. von Horst Nitschke. – Gütersloh: Gütersloher Verlagshaus Mohn, 1985.
(Gottesdienstpraxis: Ser. B, Arbeitshilfen für die Gottesdienste zu den Festzeiten und für Kasualien)
ISBN 3-579-02785-9
NE: Nitschke, Horst [Hrsg.]

ISBN 3-579-02785-9

Satz: ICS Computersatz GmbH, Bergisch Gladbach
Druck und Bindung: Ebner Ulm
Umschlagentwurf: Franz Wöllzenmüller, Oberhaching
Printed in Germany

Inhalt

Predigten

Entwürfe und Berichte

Wieviel die Ehe wert ist

1. Mose 2,18–24 u. 1. Korinther 13,1.4–7.13

»Ein Brautpaar hat das Recht darauf, den Tag der Hochzeit mit dem Gefühl eines unvergleichlichen Triumphes zu begrüßen und zu begehen. Wenn alle Schwierigkeiten, Widerstände, Hindernisse, Zweifel und Bedenken – nicht in den Wind geschlagen, aber ehrlich ausgestanden und überwunden sind – und es ist sicher gut, wenn nicht alles gar zu selbstverständlich geht –, dann haben die beiden in der Tat den entscheidenden Triumph ihres Lebens errungen . . .
Es muß etwas von dem berechtigten Stolz der Erdenkinder, ihres eigenen Glückes Schmied sein zu dürfen, in dem Glück eines Brautpaares liegen. Es ist nicht gut, hier allzu schnell und ergeben von Gottes Willen und Führung zu reden. Es ist zunächst einfach und nicht zu übersehen euer ganz und gar menschlicher Wille, der hier am Werk ist und der hier seinen Triumph feiert; es ist zunächst durchaus euer selbstgewählter Weg, den ihr beschreitet; es ist auch nicht in erster Linie ein frommes, sondern ein durch und durch weltliches Ding, das ihr getan habt und tut. Darum tragt auch ihr selbst und allein die Verantwortung dafür, die euch kein Mensch abnehmen kann . . .« (Dietrich Bonhoeffer, Widerstand und Ergebung, 39 ff.).
Das sind stolze Worte. Der Theologe Dietrich Bonhoeffer hat sie geschrieben, aus der Haft heraus, seinem Freund Eberhard Bethge zur Trauung. Es sind sehr schöne Worte. Und sie hören sich ganz selbstverständlich an. Hierin liegt ihre Schwierigkeit und ihre Herausforderung. Wir wollen sie ernstnehmen und annehmen.
Der Philosoph Friedrich Nietzsche war ein brillanter Menschenkenner und ein schonungsloser Kritiker dazu. Verheiratet war er nicht.
»Es liegt«, so schreibt er, »auf der Hand, daß eine Ehe so viel wert ist als die, welche sie schließen, d. h. daß sie im großen ganzen etwas Erbärmliches und Unschickliches sein wird: kein Pfarrer, kein Bürgermeister kann etwas anderes daraus machen« (Werke in 3 Bänden, III 596).
Man könnte meinen, hier wird mit zynischer Zunge jeder Trauansprache das Wort abgeschnitten, der Pfarrer in die Ecke gestellt mit seinen Segenswünschen gleich neben den Herrn Standesbeamten mit seinen guten Worten. Ehekrach und Ehekrise – heraufbeschworen an einem Hochzeitshimmel, der eben noch so blau und stolz erstrahlte. Düstere Worte eines Unverheirateten? Düster, aber wahr?
Nein, wir wollen uns nicht verschrecken lassen, prinzipiell nicht und heute schon gar nicht! Nietzsches Wort kann ein Kompliment an euch als Brautpaar sein, ein derbes zwar und ein kritisches, aber ein brauchbares:

»Es liegt auf der Hand, daß eine Ehe so viel wert ist als die, welche sie schließen . . .« – und damit liegt es auf der Hand, daß eure Ehe so viel wert sein wird wie ihr! So viel wert wie ihr. Ich finde, daß dies eine ungeheuer schöne Aussage ist. Denn sie legt die Qualität eurer Ehe zunächst einmal in eure Hände, die ihr in wenigen Augenblicken – und dann hoffentlich noch sehr oft im Leben! – ineinanderlegen werdet.
Mit euch steht und fällt das Glück und die Dauer eurer Ehe. Mit euch steht und fällt die Belastbarkeit und die Harmonie eurer Ehe. Mit euch steht und fällt die Liebe, die eure Ehe bestimmen soll, und nicht bis zu ihrem Ende, sondern bis zu eurem! Mit euch steht und fällt das Wohl eurer Kinder, die nicht Bedingung von Ehe, sondern Geschenk Gottes für euch sind. Mit euch steht und fallt ihr selbst in guten und düsteren Zeiten; beide wird es in eurem Leben geben – viel mehr die guten – das wünsche ich euch.
Das Wohl und Wehe eurer Ehe also, Gelingen und Verfehlen, Glück und Unglück – alles in eurer Hand? Und nur da allein? Wozu dann sind wir hier? Was wäre noch hinzuzufügen?
Was überhaupt soll es, daß eure Ehe hier vor Gott bestätigt wird und in diesem Haus? Wozu eine christliche Trauung?
Ein Garantieschein für glückliche und harmonische 30 oder 40 Ehejahre ist eine christliche Trauung sicherlich nicht. Und ich würde mich hüten, solch einen Garantieschein auszugeben. Die Reklamationsansprüche würden kein Ende nehmen.
Im täglichen Leben kommt es nicht selten zu Reklamationsansprüchen, weil der Kunde die Gebrauchsanweisung nicht gründlich gelesen und befolgt hat. Um eine Gebrauchsanweisung freilich geht es – auch bei der christlichen Trauung.
Gott, vor dem ihr eure Ehe bekräftigen wollt, garantiert nichts, eben weil eure Verantwortung euch nicht abgenommen werden kann. Aber er bietet alles an: seine Nähe, seinen Segen, seine Gebrauchsanweisung, und das für eine große Zahl an Ehejahren. Die beiden Texte, die wir vorhin gehört haben, sind in diesem Sinne Gebrauchsanweisung. Sie wollen Anleitung sein, damit es keinen Grund gibt für wirkliche Krise und wirklichen Bruch.
Da ist einmal jene alte Erzählung von der Erschaffung der Frau. Sie liefert uns eine Gleichung, die mathematisch zwar falsch, für eine Ehe jedoch wohl das Richtigste ist. Es ist die Gleichung $1 + 1 = 1$. Jesus selbst hat diese Gleichung wieder aufgenommen. Sie hört sich gut und hilfreich an. Ganz selbstverständlich. Hierin liegt auch ihre Schwierigkeit. Aber auch ihre Herausforderung.
Sören Kierkegaard, ein dänischer Denker des frühen 19. Jhs., kaum weniger kritisch und deutlich als Nietzsche, schreibt lakonisch in seinem Tagebuch:
»Auf dem Wege nach Aarhus hatte ich einen drolligen Anblick: Zwei

zusammengebundene Kühe in kurzem Galopp an uns vorüber, die eine raste wie toll und schlug geniale Schwünge mit dem Schwanz, die andere war augenscheinlich mehr prosaisch und rein verzweifelt darüber, daß sie dieselben Bewegungen mitmachen mußte. – Sind nicht die meisten Ehen ebenso beschaffen?« (Existenz im Glauben. Aus Dokumenten, Briefen und Tagebüchern Sören Kierkegaards, hrsg. LRichter, 103 f.).

Es ist nicht unsere Sache, liebes Brautpaar, diese Frage zu bejahen oder zu verneinen. Es ist einzig eure Sache, für euren Teil und für eure Ehe diesen Skeptiker eines Besseren zu belehren, in Anwendung der Formel 1 + 1 = 1.

Es wird in eurer Ehe ungeheuer viel Individuelles und Verschiedenartiges geben: ungleiche Temperamente, unterschiedliche Eigenschaften, verschiedenartige Fähigkeiten, auseinandergehende Ansichten, andersartige Kenntnisse, abweichende Gefühle, vielfältige Erfahrungen. Es wird in eurer Ehe auch – und schon die alte Erzählung weist darauf hin – unterschiedliche Funktionen geben, die eurer natürlichen Veranlagung entsprechen sollen.

Unterschiedlichkeiten ohne Ende. Gut so. Zeigen sie euch doch als eigenwillige Geschöpfe eines souveränen Schöpfers, mit eigenem Denken, mit eigenem Wollen, mit eigener Phantasie und mit eigener Schöpferkraft.

Über all diese Verschiedenheiten möchte Gott jene Formel setzen, die euch gleichstellt in eurer Würde vor ihm und den Menschen und die euch vereinen soll in einem Geist gegenseitiger Liebe und Achtung.

Gegenseites Ernstnehmen und Annehmen bekommen ihre Schwierigkeit im Wissen um die Eigenheiten des anderen, aber auch ihre besondere Bedeutung. Hier muß sich die Liebe bewahrheiten, von der Paulus im 1. Korintherbrief spricht: die Liebe, die Ausdauer und Geduld hat mit dem anderen, die nicht eifersüchtig ist und nicht mißtrauisch, nicht schadenfroh und viel zu ertragen imstande. Diese Liebe vereinnahmt den anderen nicht, macht die Trauungsurkunde nicht zu einem Besitzvertrag, sondern trägt den Partner, wenn immer das nötig sein sollte.

Die Worte Ehebruch und Ehescheidung sind – nicht erst – heutzutage in aller Munde. Und die Regenbogenpresse ist voll von ihnen. Gerade weil das so ist, geht uns mehr und mehr das Gespür für die tatsächliche Zerbrechlichkeit einer ehelichen Partnerschaft verloren und mit ihm der sensible Blick für den anderen.

Ehe beginnt zu zerbrechen, wo der eine den anderen im Stich läßt mit seinen geheimen und persönlichen Sorgen und Nöten, wo erste Nachlässigkeiten und Unterlassungen einer anderen Gleichung zum Durchbruch verhelfen. Sie wäre zwar mathematisch richtig, aber unendlich falsch in einer Ehe. Es ist die Gleichung 1 + 1 = 2.

Zurück zum Anfang. Zu euch. Eure Hochzeit bleibt eine erhabene und triumphale Sache, Ausdruck eures großartigen Entschlusses, es gemeinsam zu versuchen, so verschieden, wie ihr seid, und so einig, wie ihr bleiben sollt.
Eure Hochzeit bleibt eine stolze und triumphale Sache, weil sie viel viel mehr verspricht als jenes Nebeneinander-Galoppieren, wo der eine zieht und der andere bremst.
Eure Ehe wird – ohne Zweifel – so viel wert sein wie ihr und euer Glaube an euch. Sie wird aber auch so viel wert sein wie ihr und euer Sicheinlassen auf die göttliche Gebrauchsanweisung für Ehepaare: 1+1=1. Ihre Richtigkeit läßt sich garantieren. Ihr sollt sie erfahren.

Günter Bublitz

Uralte Liebesgeschichte

1. Mose 29,20

Eine (fast) uralte Liebesgeschichte!
Die beiden, Jakob hieß der Mann und Rahel die junge Frau, lernten sich eines schönen Tages an einem Brunnen kennen und verliebten sich ineinander, Hals über Kopf.
So etwas ist zwar nicht gerade die Regel, aber auch nicht die Ausnahme: Liebe auf den ersten Blick.
Na, wem sage ich das!?
Immer gleicht der Mensch dem Menschen, wir sind wie jene und jene wie wir; heute ist damals, und damals ist heute: Es war einmal, und es wird ganz sicher oft noch so sein.
Allerdings, die beiden damals mußten sieben Jahre und eine Woche warten, bis sie endlich zusammen sein durften. Und dann kamen noch einmal sieben Jahre hinzu, Rahels Vater nützte die Liebe der beiden zueinander ganz schön aus; selbst der sonst so gerissene Jakob konnte in diesem Punkt seinen Schwiegervater in spe nicht austricksen. Das holte er dann später nach. Doch zunächst mußten die beiden die ihnen gesetzte Wartezeit in Kauf nehmen. So viele Jahre, eine verdammt lange Zeit!
Nicht aber für Jakob, und bestimmt auch nicht für Rahel. Die beiden sahen sich zuweilen, berührten sich, küßten sich, tauschten Versprechen

aus, flüsterten sich liebe Worte ins Ohr, ließen sich nicht aus den Augen, auch nicht aus dem Sinn gehen, und blieben sich gut: Du und ich, wir zwei, und sonst nichts, und eines Tages werden wir uns gehören, dann soll uns nichts mehr trennen . . . Ich nehme an: Das erste Jahr wird leicht gewesen sein für die beiden, das zweite schwerer, das dritte schwerer als das zweite und so weiter! Von Jahr zu Jahr schwerer, schwieriger, denn: Liebe will Liebe finden, werden und sein.

Sieben lange Jahre lang aufeinander warten, einander treu sein, einander nicht aus dem Sinn gehen, sich sehnen nach Wärme und Nähe . . .: Die beiden, Rahel und Jakob, halten das aus. Ihre Welt ist ohne Makel, und ihre Gedanken und Gefühle sind es auch. Sie leben in der Hoffnung: Aber eines Tages . . .!

Eine (fast) unendliche Liebesgeschichte!

Doch für ihn, das haben wir schriftlich, verflog die Zeit wie im Flug. Wohl dauerten die sieben Jahre sieben Jahre, doch »sie deuchten ihn, als wären's nur wenige Tage, so lieb hatte er sie.« Der Jakob die Rahel!

Und sie? Es wird, umgekehrt, wohl kaum anders gewesen sein: Einmal, du, werden wir zusammen sein dürfen und einander gehören. Ich werde in deinen Armen liegen, leise atmen, deine Haut spüren, keine Fragen mehr haben, schwach sein dürfen und sehr glücklich! Wir werden uns unser Leben teilen, nichts wird uns mehr stören, ein Traum wird in Erfüllung gehen, und wir können es uns einander öffentlich eingestehen: Du bist es, den ich gesucht habe, ich will niemanden sonst, und nie einen anderen als dich . . .

Das ist die Sprache der Liebe!

Und als nun, auf den Tag genau, die verabredete Zeit um war, gab's zunächst noch einmal für die beiden eine kleine Enttäuschung. Rahels Vater, ganz der damaligen Sitte verpflichtet, trieb ein falsches Spiel, das Jakob zu spät durchschaute. Doch dann begehrte er auf: Ich will die Rahel haben, keine sonst, denn nur ihr gehört mein Herz, und nur mit ihr möchte ich mein Leben teilen. Wahrscheinlich gab's daraufhin ein langes Hin und Her, dann ließ Rahels Vater mit sich handeln, und nach einer gewissen Anstandspflicht war es dann endlich so weit: Rahel und Jakob waren Mann und Frau, ganz offiziell und vor Gott und der Welt. »Du und ich, endlich gehören wir einander, und nur der Tod soll dich und mich scheiden.«

Eine (fast) uralte Liebesgeschichte!

Uralt? Immer gleicht der Mensch dem Menschen, wir sind wie jene und jene wie wir; heute ist damals und damals ist heute. Doch wem sage ich das!?

Ihr habt euch, vor Jahr und Tag, nicht an einem Brunnen kennengelernt, sondern in einer Werkskantine zum ersten Male gesehen und ineinander verliebt. Eure Welt war ohne Makel und ganz wunderschön. Aber dann kam euch doch – jeder hier weiß Bescheid – manches Ja mit Wenn und Aber und Sonstnochwas in die Quere, immer mal wieder ein Nein mit Vielleicht und Jenachdem und allerlei Bedenken. All das soll heute an eurem Hochzeitstag gesagt, aber nicht beklagt sein. Es war so, lange Zeit, doch dahinter steht nun ein Punkt.

In all den Jahren gab es aber auch dies: Du und ich, wir zwei, und niemanden sonst, und einmal werden wir uns gehören. Die Zeit heilt nicht bloß Wunden, sie arbeitet auch für zwei Menschen, die sich lieben.

Es verging sehr viel Zeit, aber euch beide konnte nichts und niemand entmutigen, beirren, auseinanderbringen. Die Einreden und Bedenken, da wie dort, machten euch nicht schwach, sondern sogar stark; sie machten euch nicht kraftlos, sondern hart. Kein Dreh, kein Trick und auch keine Träne erschütterten eure Liebe. Wie schön, daß es so etwas gibt! Man sagt zwar, wo ein Wille ist, da ist ein Weg. Doch seitdem ich eure Geschichte kenne, bin ich geneigt zu sagen: Wo Liebe ist, da gibt es immer einen Weg.

Die Liebe kann warten. Sie hat einen langen Atem. Sie verliert nie ihre Freundlichkeit. Sie gibt nichts und niemanden auf und kommt so schnell nicht an ein Ende. Die Liebe ist erfinderisch, sie hat Phantasie, sie läßt sich nicht beirren, sie weiß immer einen Weg, um endlich sagen zu können, vor Gott und aller Welt: Sie und ich. Er und ich. Wir beide, und wir gehören nun zusammen. Wir, gemeinsam mit anderen, und andere, gemeinsam mit uns.

So soll es sein.

Lassen wir das, was war, in all den Jahren, die vorbei sind. Zwei Menschen fingen etwas miteinander an, gingen sich nicht aus dem Sinn, hielten zusammen, waren geduldig und zäh und blieben sich, allen Einreden zum Trotz, gut. Für solche Menschen interessierte sich ehedem, wie wir gehört haben, die Bibel, weil an solchen Menschen Gott sein Wohlgefallen hat. Es sind Menschen, die an ihrem Ja zum anderen festhalten, die einander über die Zeiten hinweg die Stange halten, sich nicht aufgeben und sich nicht verloren gehen lassen, sondern die sich das gegenseitig versprechen: Trotz allem Schein, der Plackerei und den zerbrochenen Träumen ist unsere Liebe wunderschön, nur der Tod soll dich von mir scheiden.

Das wollt ihr nun heute nicht heimlich, sondern laut und öffentlich, vor Gott und aller Welt, sagen, einer dem anderen.

Das ist gut und sehr schön, für euch, – aber auch für uns alle! Denn wir haben mit euch gelernt: Die Liebe macht nichts mit Gewalt. Sie kann warten, sie gibt nicht auf, sie weiß immer einen Weg. Und es bestätigt sich, daß Gott mit den Liebenden ist. Für sie hatte er schon immer eine ausgesprochene Schwäche, und so soll es auch sein und bleiben.

Die beiden lebten etwa sieben Jahre lang nebeneinander und doch miteinander. Ihre Eltern waren lange Zeit gegen eine Verbindung der beiden. Die einen sagten: Der sucht nur sein Vergnügen, und wenn er einmal fertig sein wird, läßt er dich fallen wie eine heiße Kartoffel. Er wird dich nie ernst nehmen.

Die anderen sagten: Die macht sich nur an dich heran, um aus diesem Loch herauszukommen. Laß dich nicht ausnutzen! Du hast etwas Besseres verdient. Außerdem hatten die beiden auch noch das falsche Gesangbuch.

M. war beschäftigt in der Kantine eines Werkes, in dem A. einen Ferienjob fand. Dort lernten sich die beiden kennen und lieben. A. Vater, Personalchef der Firma, war von Anfang an gegen diese Verbindung, worauf M. Eltern ebenfalls auf Gegenkurs gingen. Die beiden Eltern setzten sich mit mir in Verbindung. Ich habe den beiden weder ihre Liebe zueinander ausreden können noch wollen, und ich freute mich, als sie dann eines Tages zu mir kamen, und mir mitteilten: Es ist so weit! Keiner ist mehr gegen uns. Nichts kann uns mehr trennen, und genau das wollen wir beide öffentlich und vor allem vor Gott uns gegenseitig sagen.

Er und ich, ich und sie, das soll gelten und gültig sein, in Ewigkeit für uns beide.

Dieter Schupp

Unterwegs

5. Mose 4,29

Ich will Sie gleich alle gemeinsam anreden, auch wenn natürlich Sie, liebe Frau Z., und Ihr Mann unbestritten die Hauptpersonen an diesem Tage sind und auch das, was in diesem Gottesdienst geschieht, zunächst einmal Ihnen gilt. Ohne Ihren Entschluß, einander zu heiraten, gäbe es für alle anderen keinen Grund zur Feier. Und trotzdem: Von Ihrer Entscheidung sind nicht nur Sie beide betroffen. Die Ehe ist eine öffentliche Institution. Eine Verbindung, die über das einzelne Paar hinausweist und mehr als nur private Folgen hat.

Sie merken das zuerst am Namenswechsel. Daran müssen ja nicht nur Sie beide sich gewöhnen, daß Sie nun den gleichen Namen tragen. Sie haben ja außerdem sich schon länger darauf einstellen und zu Hause üben können, wie das wäre, wenn Sie, liebe Frau Z., sich am Telefon anders als gewohnt melden, einen ungewohnten Absender schreiben oder Ihre neue Unterschrift probieren.

Bei Ihren Arbeitskollegen, bei Ihren Freunden und Bekannten wird die Umstellung etwas länger dauern. Auch bei Ihren Eltern vielleicht. Wie es da Ihren Kindern gehen wird, weiß ich nicht. Mag sein, daß Ihr drei das jetzt auch gar nicht endgültig sagen könntet. Denn das ist ja eine ganz ungewohnte Situation für Kinder, wenn sie bei der Hochzeit der Eltern dabei sein können. Ja, wenn sie sogar schon so groß sind, daß es eigentlich gar nicht geht, ohne die Zustimmung und das Einverständnis der Kinder zu heiraten.

Ihr werdet zwar nachher von mir nicht mitgefragt, aber ich denke, daß Ihr Euer »Ja« längst vorher gesprochen habt. Schließlich soll es Euch nicht so ergehen wie in manchen Märchen, in denen Stiefmütter oder Stiefväter ganz finstere Rollen spielen. Und das fast jedesmal darum, weil sie nur den neuen Lebenspartner, aber nicht dessen Kinder mitheiraten und mitliebhaben wollten.

Ich denke, daß das bei Ihnen ganz anders sein wird und daß Sie alle, Sie als Brautpaar und Ihr drei als betroffene Kinder, sich da auch sicher sind. Schließlich kennen Sie sich untereinander schon eine Weile. Und nicht zuletzt hat Ihr Ehebund auch den Sinn, aus zwei halben Familien eine ganze zu machen.

Darum heiratet Ihr drei heute sozusagen mit, werdet Ihr »mitgetraut«, und darum will ich Sie alle, die künftig zur Familie Z. gehören, die durch diese Hochzeit aufeinander verwiesen und zueinander gebracht werden, gemeinsam ansprechen.

Denn Trauung – das hat ja etwas mit Vertrauen zu tun. Mit Vertrauen in den Partner, mit Vertrauen in die Beständigkeit Ihrer Liebe zueinander, mit Vertrauen in die Zukunft: daß es lohnt, gemeinsam zu leben, weil ein vielversprechender Weg vor Ihnen liegt.

So ganz selbstverständlich ist das Vertrauen auch bei einer Trauung nicht. Man kann es nicht herbeireden oder sich einfach dazu entschließen. Vertrauen kann nur wachsen, langsam sich entwickeln aus einer Reihe gemeinsamer guter Erfahrung.

Sie, liebe Familie Z., haben so eine Reihe von guten Erfahrungen miteinander hinter sich. Das hat vor allem geholfen, die schlechten Erfahrungen, auch die traurigen Erfahrungen, die Sie davor gesammelt haben, zu überwinden. Und den Mut zu fassen, sich auf einen neuen Anfang einzulassen.

Dabei ist »Anfang« leicht gesagt. Niemand kann von vorn anfangen. Sie behalten Ihre Vergangenheit bei sich, all das, was Sie zu dem gemacht hat, was Sie heute sind. Das sind Charakterzüge und Einstellungen, Gewohnheiten und Eigenarten. Auch Ihr Glaube gehört dazu, der Sie bindet und zugleich trennt.

Evangelisch und katholisch – das ist heute zum Glück nicht mehr so

voneinander verschieden wie früher einmal. Wir betonen inzwischen mehr die Gemeinsamkeiten: das gemeinsame Bekenntnis zu dem dreieinigen Gott, die gemeinsame Taufe, das gemeinsame Vaterunser und vieles mehr.
Damit sind die Unterschiede natürlich nicht aufgehoben. Sie haben nur ein anderes, ein geringeres Gewicht bekommen: Unterschiede in den Gebräuchen und Riten, die dem Gottesdienstbesucher in der fremden Kirche immer zuerst auffallen. Aber auch Unterschiede in der Lehre. Das werden Sie, liebe Frau Z., und Du, P., stärker empfinden. Aber Sie sind ja nicht hier, um Ihren Glauben aufzugeben. Sowenig wie eine Ehe und das gemeinsame Leben in einer Familie darin ihren Sinn findet, daß der eine zugunsten des anderen, Stärkeren, sich und seine Position aufgibt.
Im Gegenteil: Unterschiedliches soll zusammenkommen und verbunden werden. Etwas Neues, eine Synthese soll entstehen. Sie sind hier, um in der Verschiedenheit das Gemeinsame, gerade auch das Gemeinsame Ihres Glaubens auszudrücken. Denn so läßt sich die Hoffnung begründen, daß Sie den vor Ihnen liegenden Weg miteinander und nicht nebeneinanderher gehen werden.
Davon kommt in dem Bibelwort etwas zum Ausdruck, das Sie sich ausgewählt haben für diesen Tag. Ein Spruch aus dem 5. Mosebuch: »Wenn du den Herrn, deinen Gott, suchen wirst, so wirst du ihn finden, wenn du ihn von ganzem Herzen und von ganzer Seele suchen wirst.«
In diesem Spruch wird nicht beschrieben, was hinter Ihnen liegt. Es werden nicht Positionen festgelegt. Es wird vielmehr ein Zukunftsversprechen gemacht. Eine Verheißung über das, was Sie erleben werden, wenn Sie Ihren Weg im Glauben gehen.
Doch nicht in dem Glauben, den Sie fest und sicher haben, der Ihnen als Religionszugehörigkeit zugeschrieben ist. Sondern in dem Glauben, der mit Ihren Erfahrungen wächst, der auf Ihrem Weg seine Gestalt wandelt und unterwegs erst seinen Inhalt erfährt und vervollständigt.
Es gibt Menschen, für die ist Gott eine Position, ein Standpunkt, eine Argumentationsbasis, die man sich aneignet und dann hat.
Ihr Trauspruch sagt etwas anderes: Gott, das ist ein Geheimnis, nach dem wir unser Leben lang suchen, dem wir auf der Spur sind, dem wir nachgehen. Von dem wir auch etwas erfahren. Aber nur um den Preis, mit ganzem Herzen und ganzer Seele dabeizusein.
Es ist ja schon unter uns Menschen so: Daß wir uns nicht ein für allemal kennenlernen können, um dann für immer übereinander Bescheid zu wissen. Das wäre das Ende der Liebe, wenn einer den anderen endgültig festlegt und nichts Neues mehr von ihm erwartet. Das wäre Stillstand und kein gemeinsamer Weg. Das wäre Langeweile statt Abenteuer.
Ich denke aber, daß die Ehe ein Abenteuer ist. Nicht nur, weil es ein

großes Risiko in sich birgt, abhängig macht, scheitern kann. Auch das ist wahr. Aber das Abenteuer liegt vor allem darin, daß wir in der Gemeinschaft von Ehe und Familie erfahren können: Zu zweit und zu fünft sind wir mehr als allein. Aus uns werden Kräfte der Liebe, der Treue, der Hilfsbereitschaft, der Anteilnahme freigesetzt, die für sich allein brach gelegen hätten. Durch die Ergänzung des anderen erfahren wir uns selbst erst als Ganzes.

Insofern ist auch Ihr Versprechen zueinander mehr als eine Positionsbeschreibung. Es enthält die Zusage: Wir wollen gemeinsam auf die Suche gehen. Wir wollen füreinander in Zukunft offen sein. Und in dem, was noch vor uns liegt, Sinn suchen und Erfüllung erhoffen.

Ihr Trauspruch ist darum wie eine Einladung, Ihre Ehe als eine Suchgemeinschaft zu verstehen. In der Suche nach dem Partner, im Begreifen und Verstehen von Eltern und Kindern, im Gespräch der Familie, kurz: auf dem gemeinsamen Weg, unterwegs sollen Sie mehr als Alltäglichkeit und das graue Einerlei ständiger Wiederholung erfahren.

Unterwegs, wenn Sie nur mit Herz und Seele dabei sind und wirklich Ihr Leben zur Verfügung stellen, sollen Sie erfahren, was unser Glaube bekennt: Daß Gott mit uns ist. Daß sein Segen sich bewährt und gute Folgen zeitigt. Daß wir Sinn erfahren und glücklich sein können.

Ich glaube, daß auf dem gemeinsamen Weg durch Erfahrung auch Unterschiede der Herkunft geringer werden. Was tut es, daß einer evangelisch und einer katholisch ist. Daß einer Mann und einer Frau ist, daß die einen Eltern und die anderen Kinder sind. Wir sind zwar verschieden und bleiben verschieden. Aber auf dem gemeinsamen Weg können wir gemeinsame Erfahrungen machen, die verbinden und zusammenhalten.

Gemeinsames Suchen wird Ihrer Ehe Bestand geben, Ihre Liebe lebendig halten und Ihren Glauben wachsen lassen, daß wir mitten auf dem Weg Gottes Wirken begegnen: Ihm, der selbst die Liebe ist, dem Herz und Seele gehören und zu dem hin wir unterwegs sind. Er verspricht: Wer mich mit Herz und Seele sucht, der wird mich finden. Darum wünsche ich Ihnen, daß Sie, liebe Familie Z., auf Ihrem gemeinsamen Weg bis an dieses Ziel kommen.

Andreas Seifert

Dein Volk ist mein Volk

Ruth 1,16 f. (Trauung von Ausländern)

Ich möchte die Situation schildern, in die das von Euch gewählte Trauwort gehört. Und Ihr werdet sehen, so Ihr es noch nicht wißt, daß Ihr eine überaus gute Wahl getroffen habt.
Die Zeit liegt mehr als dreitausend Jahre zurück. Europa ist noch nicht zur Geschichte erwacht. Im Nahen Osten sind die ersten Kulturen entstanden. Israel ist noch nicht zum Staat geworden.
Im Land herrscht wirtschaftliche Not. Die Landwirtschaft ist mühselig, der Bedarf kann nicht gedeckt werden. Das Handwerk leidet Not, die Käufer bleiben aus. Die politische Lage instabil, verfahren. Wer irgend kann, verläßt das Land. Die Heimat bleibt zurück, wenn es in der Fremde nur die Möglichkeit des Lebens gibt. Das war vor dreitausend Jahren im Orient zwischen Bethlehem und Moab so, das war vor hundert Jahren zwischen Deutschland und Amerika so, das war vor zwanzig Jahren so, da war Rosita noch gar nicht geboren, da kamen ihre Eltern in unser Land, wie Elimelech aus Bethlehem mit seiner Frau Naemi in Moab, wie so viele hessische Familien im letzten Jahrhundert in den großen neuen Kontinent Amerika auswanderten.
Und so manche, die da kamen, hatten einst nur vor, eine Saison zu bleiben, oder ein, zwei Jahre oder bis sich die Verhältnisse geändert hätten. Doch aus dem Vorübergehenden wurde Bleibendes. Immer wieder richteten Menschen sich ein in der Fremde, und Freundschaften entstanden, die Liebe blieb nicht bei den Leuten der eigenen Sprache, des ähnlichen Aussehens, gerade das Fremde reizt, lockt und wird geliebt. Die Mahnungen der Zuhausgebliebenen: »Laßt euch nicht ein mit den anderen Leuten!« werden in den Wind geschlagen. Die anderen sind doch näher als die eigenen Leute, die zu Hause blieben. Die Wirklichkeit verbindet Fremde und teilt Zusammenhänge, trennt Vertrautheiten. Die Wirklichkeit richtet sich nicht nach den Vorstellungen der Alten.
In der Bibel sind viele Geschichten von Menschen, denen die Not die Fremde aufzwang. Eine der schönsten ist das Buch Ruth, deren Vorgeschichte ich erzählt habe und die doch auch Rositas Geschichte sein könnte, und aus diesem schönen Buch stammt das Trauwort.
Die Bibel hat die Menschen, die in die Fremde gehen mußten, nicht vergessen, sie erzählt ihre Geschichte und gibt dem Fremdsein und den Fremden einen Platz in der eigenen Geschichte. Leben in der Fremde bildet ab das Leben fern von Gott. Der Fremde gehört zur eigenen Geschichte. Die Ausländerin Ruth, diese Moabiterin, wird zur Großmutter

Davids. Der größte König in Israels Geschichte, der Stolz des Volkes hat fremdes Blut in den Adern. Israel verheimlicht es nicht, schämt sich nicht der Mischung, sondern erzählt die Geschichte weiter, bekennt sich zur Wirklichkeit.

In unserer Republik steht unsere Wirklichkeit auf dem Spiel. Ihr lebt in dieser Wirklichkeit, und ich rufe Euch und alle Eure Freunde auf: Zeigt Eure Liebe und Freundschaft, indem Ihr bei der Wirklichkeit bleibt und Euch nicht in Träume zurückzieht: in den Wahn der biologischen Einheit »Volk«, in den Alptraum der »Reinerhaltung«.

Das Schicksal ließ die Menschen im Buch Ruth nicht zur Ruhe kommen, und wegen der Schicksalsschläge kehren Menschen zurück; und manchmal zieht da eine Frau mit, die in die Fremdlingsfamilie hineingeheiratet hat, nun werden die Rollen getauscht: Der bisher im Vertrauten war, gerät in die Fremde, wer bisher fremd war, wird vertraut.

Das erlebt Ihr auch, wenn Ihr miteinander in den Urlaub fahrt, die Umgangssprache von der Muttersprache in die Fremdsprache, die Fremdsprache in die Muttersprache wechselt. Ihr werdet auch das Gefühl erleben, »zwischen den Stühlen zu sitzen«. Du gehörst hier nicht her, und manche Einheimischen denken, sie könnten sich etwas herausnehmen. Du gehörst nicht mehr hierher, weil du einmal weggegangen bist, hast du das Platzrecht verloren: Weg gegangen, Platz vergangen, so heißt es.

Ihr sagt Euch, in diesem Gefühl »zwischen den Stühlen« wollen wir uns helfen, denn das kann niemand allein aushalten. Tödlich wird es, wenn der Partner nicht dabei bleibt, wenn er sich auf den Thron des Heimatrechtes setzt, mißachtend das höher geachtete Gastrecht. Ihr müßt das Gefühl miteinander teilen. Liebe teilt nicht nur die beglückenden Gefühle, sondern bewährt sich gerade in den beängstigenden Gefühlen.

Da sagt Ruth das große Wort:

»Wo du hingehst, da will auch ich hingehen; wo du bleibst, da bleibe ich auch. Dein Volk ist mein Volk, und dein Gott ist mein Gott. Wo du stirbst, da sterbe ich auch, da will ich auch begraben sein.«

Mit diesem Wort wird die Biographie des Partners zur eigenen. Es geht aber nicht an, daß dies einseitig wird, vielleicht sogar als Forderung gegen den anderen gerichtet: Du mußt nun dein Volk, deinen Gott, deine Heimat, dich selbst aufgeben. Nein, so geht das nicht. Was als Geschenk Leben bedeutet, wird als Forderung zum Tod. Das können Menschen einander sagen, und indem sie sich einander verschenken, unendlich reich werden. Das könnt Ihr für einander tun, und dann wird auf Eurem Lebensweg Segen ruhen, wie er in aller Not und Bedrängnis auf dem Weg der Moabiterin Ruth lag, der Großmutter Davids, der Ahnfrau Jesu.

Bernhard von Issendorff

Von Gottes Liebe lernen

Psalm 32,8

Vor etwa 2500 Jahren wurde der Philosoph Sokrates gefragt, was besser sei, zu heiraten oder ledig zu bleiben. Er gab zur Antwort: »Tut, was ihr wollt, ihr werdet beides bereuen!« Welch eine düstere Aussicht. Bei näherem Hinsehen bemerkt man zwar, daß man dem Satz auch Positives abgewinnen kann. Denn wenn er sagt, daß man auch das Ledigsein bereut, so ist damit etwas Positives gesagt über die Ehe. Dennoch erscheint mir die Auskunft des Philosophen zu pessimistisch. Die Bibel spricht da ganz anders von der Ehe. Da wird uns die Ehe als eine Erfindung Gottes geschildert. Die Ehe ist nicht ein notwendiges Übel zur Erhaltung des Menschengeschlechts, sondern sie ist von Gott gewollt, damit zwei Menschen beieinander eine Heimat haben, damit sie sich gegenseitig glücklich machen. Die Ehe gehört zu den geheimnisvollen Schöpfungen Gottes. Gott erkannte, daß es nicht gut sei, daß der Mensch allein sei, und deshalb gab er Adam die Eva und Eva den Adam zur Seite. Ich meine, eine Trauung könnte eine Art Dankgottesdienst sein.

Und ich möchte einmal versuchen, zwei Dankgebete zu formulieren, wie sie unsere Braut und unser Bräutigam vielleicht sprechen könnten. Ich versuche mich zuerst in die Braut zu versetzen: »Lieber Gott, hab Dank für diesen Mann, den Du mir an die Seite gegeben hast. Ich danke Dir, daß Du zwischen uns Vertrauen und Liebe hast entstehen lassen, daß wir uns gefunden haben und von Herzen mögen. Lieber Gott ich danke Dir, daß ich an meinem Mann einen Halt finde, daß ich mich bei ihm geborgen und beschützt fühle. Herr, es ist schön, zu wissen und zu spüren: ich bin nicht allein. Herr, es ist gut, jemanden um sich zu haben, mit dem man über alles sprechen kann. Es schenkt mir Zuversicht und es macht mich sicher, daß er ein vorbehaltloses Ja zu mir sagt. Herr, hab Dank für diesen Mann.«

Sicher würden Sie, liebe Braut, noch anderes zu sagen haben und manches anders formulieren. Hauptsache, Ihr Herz ist in dieser Stunde voller Dank. Und vielleicht könnte der Bräutigam meinem Gebetsvorschlag für ihn zustimmen: »Lieber Gott, ich danke Dir, für diese Frau, für ihr Wesen, ihre Art und Weise, wie sie spricht und sich bewegt, für ihr Lachen, ihre Augen und ihren Mund. Hab Dank, Herr, daß Du sie so gebildet hast, daß ich meine Freude an ihr habe. Herr, es tut mir gut, jemanden zu haben, bei dem ich so sein kann, wie ich bin, bei dem ich mich über nichts zu schämen brauche, der meine guten und weniger guten Seiten akzeptiert. Herr, hab Dank, daß wir uns verstehen und daß ich die Gewißheit habe, sie wird zu mir halten in guten und in schweren Zeiten.«

Liebe Festgemeinde, nun mag der eine oder andere unter uns sein, der schon viele Jahre verheiratet ist und denkt: »Ja, so voller Dank war unser Herz damals auch, aber im Laufe der Zeit verliert alles etwas an Glanz, man stumpft ab, und manche Enttäuschung läßt die Gefühle absinken und sich gefährlich dem Nullpunkt nähern.« Das mag so sein. Und dennoch habe ich recht, wenn ich behaupte: Je mehr wir unseren Ehepartner mit Dank betrachten, desto besser wird uns die Ehe gelingen. Je mehr wir darauf achten, daß unser Leben durch den Partner reicher geworden ist, desto besser wird uns die Ehe gelingen. Je mehr wir uns immer wieder klarmachen, wieviel Geborgenheit und Sicherheit uns der Partner schenkt, desto besser wird uns die Ehe gelingen.

Denn dies wissen wir alle sehr wohl: Die Ehe ist heute mehr denn je ein Wagnis. Es ist heute schwerer geworden, seinem Partner die Treue zu halten, »bis daß der Tod euch scheidet«.

Es ist mit der Liebe wie mit dem Mond: entweder nimmt sie zu oder sie nimmt ab. Eine andere Möglichkeit gibt es nicht.

Und deshalb gilt es, alles daranzusetzen, daß die Liebe dem zunehmenden Mond gleicht, daß das Vertrauen von Ihnen beiden tiefer und die herzlichen Gefühle füreinander immer inniger werden. Mit anderen Worten, daß Sie beide alle Kraft und Phantasie aufwenden, um dem Abstumpfungseffekt, der jede Ehe bedroht, entgegenzuwirken.

Gegen vieles in Ihrem Leben sind Sie machtlos. Große und wichtige Entscheidungen in Ihrem Leben haben Sie nicht selber getroffen. Sie haben sich weder Ihr Elternhaus noch Ihre Lehrer, weder Ihr Geschlecht noch Ihre Veranlagung aussuchen können. Sie selbst haben weder Ort noch Zeit Ihrer Geburt bestimmt – alles wichtige Fakten in Ihrem Leben. Aber die jetzige Entscheidung, daß Sie beide ein unverbrüchliches Ja zueinander sagen, das ist Ihre ureigenste Entscheidung. Und sie ist folgenreich. Mit Ihrem Jawort zueinander stellen Sie Weichen in Ihrem Leben. Vor der Größe der Verantwortung, die Sie füreinander und für eventuelle Kinder übernehmen, könnte Ihnen angst werden, wenn wir nicht Gott anrufen dürften um seine Hilfe. »Ich will Dich unterweisen und Dir den Weg zeigen, den Du gehen sollst . . .«, so lesen wir im Psalm 32. Gott sagt Ihnen aber auch: ». . . ich will Dich mit meinen Augen leiten.« Das freilich setzt voraus, daß Sie mit Gott auf Blickkontakt bleiben, daß Sie immer wieder nach Gottes Wort und Willen fragen, daß Sie nicht müde werden, sich und Ihre Ehe unter sein freundliches Angesicht zu stellen. Von Gott sich leiten lassen, das heißt konkret: von der selbstlosen Liebe Gottes, wie sie uns Jesus vorgelebt hat, abschauen. Und immer wieder von seiner Liebe lernen: so treu zu bleiben, wie Gott treu bleibt –

sogar dem Ungetreuen. So zu vergeben, wie Gott vergibt – sogar denen, die es nicht verdienen. So für den anderen dazusein, wie Gott für uns da ist – selbst, wenn die Enttäuschungen sich summieren. Gottes Liebe läßt uns nicht los. Und so sollen und dürfen Sie beide sich gegenseitig nicht loslassen, sondern unter Gottes Augen Ihren Weg gehen. In dieser Stunde danken wir Gott von Herzen, daß Sie beide sich gefunden haben, und bitten Gott zugleich: »Laß leuchten Dein Angesicht und sei uns gnädig.«

Heinz Gerlach

Das kommt von Gott

Psalm 118,24.25

»Dies ist der Tag, den der Herr macht; laßt uns freuen und fröhlich an ihm sein. O, Herr, hilf! O, Herr, laß wohlgelingen.« Diese Worte aus dem 118. Psalm haben Sie beide, Frau und Herr B., als Ihren Trauspruch ausgesucht. »Laßt uns freuen und fröhlich sein an diesem Tage!« Ein schönes Motto für eine Hochzeit; auch für einen Gottesdienst zum Ehebeginn. Freude und Fröhlichkeit darüber, daß es nun zu einem Ziel geführt hat, was im September 1981, fast vor drei Jahren in einer Disko begann – ich plaudere hoffentlich keine Geheimnisse aus – am Abend vor dem 20. Geburtstag unserer Braut: »Liebe auf den ersten Blick«, haben Sie gesagt, Herr B. Aber nun wissen Sie, daß es auch Liebe auf den 2., 3., 4. und 1000. Blick war. Sie haben sich nicht aus den Augen verloren. Sie kennen einander genau vom gemeinsamen Leben in derselben Wohnung, seit zwei Jahren; das ist eine lange Zeit. Und wichtig ist es wohl, daß man sich so kennt, so alltäglich, und auch um die Launen des anderen weiß und darum, daß es Konflikte gibt und Meinungsverschiedenheiten, wenn zwei Menschen das Leben miteinander teilen. »Liebe auf den ersten Blick.« Da kann man sich täuschen – doch wie beglükkend und schön, wenn diese Liebe auch den Blicken standhält, die mehr sehen, als ein erster Blick zu fassen vermag! Grund jedenfalls, um fröhlich zu sein. Grund zur Freude, in die auch wir anderen einstimmen können, denn wer wollte sich nicht mitfreuen, wer wollte nicht mit fröhlich sein, wenn zwei Menschen ja zueinander sagen und: »Du bist mir recht. Bei Dir will ich bleiben und mit Dir gemeinsam leben.«
Auch Eltern freuen sich da wohl mit, obwohl in der Freude ein Wermuts-

tropfen sein könnte. Denn nun ist's klar und offenkundig, daß jemand anders wichtiger geworden ist für das Kind als man selber – und das ist nicht immer leicht zu ertragen. Doch auch da ist Liebe zu praktizieren; Liebe, die nicht auf ewig besitzen will; Liebe, die loslassen kann und freigeben, die sich an der Freude und Fröhlichkeit freut, die ein anderer, fremder Mensch dem Menschen macht, für den ich einmal als Vater oder Mutter die wichtigste Bezugsperson war. »Laßt uns freuen und fröhlich sein.«

Ich wünsche uns, daß wir das können, alle miteinander – heute, an diesem Tag, den der Herr macht, wie's in unserem Vers aus dem 118. Psalm heißt. O, ja – Gott soll mithineingenommen werden in Freude und Fröhlichkeit. Wenn's anders wäre, hätte das Standesamt wohl genügt, wäre die Kirche nicht nötig gewesen und dieser Gottesdienst zu Ihrem Ehebeginn. Gott soll mithineingenommen werden in unsere Fröhlichkeit und Freude – das klingt vielleicht noch ein wenig zu herablassend und gönnerisch, nach dem Motto: auf einen Gott mehr oder weniger kommt es nun auch nicht mehr an. Unser Psalmwort meint's wohl andersherum: Das kommt von Gott. – Das kommt von Gott: diese Liebe auf den ersten Blick, die standhielt den Blicken, die folgten, auch den zweifelnden, auch der Frage, ob es wohl richtig ist, daß wir uns heiraten – und überhaupt – warum überhaupt heiraten, ist das nicht ein altmodischer Zopf? Und weshalb dabei auch noch von Gott reden?

Ja – warum eigentlich? Ich würde sagen: Weil das ein Wunder ist, wenn zwei Menschen, die ganz verschieden sind, es erleben und erfahren: wir beide, gerade wir zwei, gehören zusammen, wir können uns lieben. Liebe ist wohl immer ein Wunder und das Unselbstverständlichste von der Welt. Und Liebende begreifen es wohl am besten, daß es ein Geschenk ist, was sie erleben, für das sie dankbar sind: einer dem anderen natürlich. Aber da ist noch mehr im Spiel. Unser Psalmwort redet von Gott: »Dies ist der Tag, den der Herr macht, laßt uns freuen und fröhlich sein.« Dies ist der Tag, an dem wir Gott danken wollen für die Liebe, die zwei Menschen zusammengeführt hat. Dies ist der Tag, an dem wir sagen können: Von Gott kommt unsere Freude und Fröhlichkeit, denn ihr Grund ist ein Mensch, den Gott uns schenkt zum Liebhaben und zum Freuen.

Mit der Freude verbindet unser Psalmwort die Bitte: »O, Herr, hilf! O, Herr, laß wohlgelingen!« Das ist Ihr Wunsch für diesen Tag, daß Sie eine schöne Hochzeit feiern können, bei der alle sich wohlfühlen, die Eltern, Verwandten, Freunde und Gäste. Ich hoffe sehr, daß alles gut gelingt. Und ich denke mir, daß dieser Wunsch weitergreift, daß er die kommenden Tage miteinschließt, in denen Sie nun miteinander verheiratet sein werden. Wir erleben, meistens sehr schmerzlich, daß sich die Ehe offenbar in einer schweren Krise befindet. Immer mehr Ehen scheitern und

werden geschieden. Vielleicht haben Ihnen, Frau B., Kolleginnen auch deshalb geraten, lieber erst gar nicht zu heiraten. Aber Sie haben sich nicht abschrecken lassen. Möge sich Ihr Mut lohnen und möge Ihnen gelingen, was Sie sich vorgenommen haben – ein Leben zu zweit, das nicht langweilig wird und in dem der andere ein Grund zur Freude bleibt. Möge Ihnen das gelingen, lebenslang, bis der Tod Sie scheidet, wie unsere alte Trauformel es sagt. Nicht nur auf die Kraft Ihrer Liebe und Ihres Willens brauchen Sie dabei zu vertrauen. Sie können mit der Kraft rechnen, die von Gott her kommt, die uns Hoffnung schenkt, wenn wir verzweifeln; die uns Mut macht zum Vertrauen, wenn Vertrauen bedroht ist, die uns auch mit Schuld leben läßt, weil es Vergebung gibt, weil wir einander vergeben können, so wie Gott es tut.
Möge diese Bitte Sie beide und Ihre Ehe begleiten: »O, Herr, hilf! O, Herr, laß wohlgelingen!« Ich wünsche es Ihnen, daß Sie beide gemeinsam nicht nur heute sagen können: »Dies ist ein Tag, den der Herr macht. Laßt uns freuen und fröhlich sein.« Ich wünsche Ihnen, daß es viele Tage in Ihrer Ehe gibt, an denen Sie das dem Psalmisten nachsprechen. Ich wünsche Ihnen, daß Ihre Freude aneinander nicht aufhört, daß sie von der Freude an Gott getragen bleibt und daß Sie beide gemeinsam in dieser doppelten Freude fröhlich den Weg in Ihrer Ehe gehen können.

Heinz-Dieter Knigge

Man sieht nur mit dem Herzen gut

Psalm 143,10

Ich habe wieder ein von mir geschätztes Büchlein in die Hand genommen. Antoine de Saint-Exupéry hat es geschrieben, und es heißt: »Der kleine Prinz«. Es ist ein Märchen für Erwachsene. Darin wird von einem Flieger erzählt, der in einer Wüste Afrikas notlanden muß. Dort in der Wüste, in der Einsamkeit und Trostlosigkeit begegnet ihm der kleine Prinz. Dieses Kerlchen hat seinen winzigen Planeten verlassen, hat sich auf eine Reise begeben, um das Leben zu finden, um Freunde zu gewinnen. Jetzt ist er mit dem Flieger zusammen. Der kleine Prinz ist wißbegierig, er möchte viel erfahren und kennenlernen. Und er erzählt dem Flieger, was er auf seiner bisherigen Reise schon alles erlebt hat. Wer ihm begegnet ist, mit wem er zusammengetroffen ist, mit welchen

Personen, Tieren und Pflanzen er sich unterhalten hat und welche Entdeckungen ihm dabei aufgegangen sind. So erzählt er: Auf seinem Heimatplaneten sei eine wunderschöne Blume, die er sehr lieb habe. Doch als er auf die Erde kam, stößt er eines Tages auf ungezählte Blumen, die genau gleich ausschauen wie die seine zu Hause. Darüber wird er sehr traurig. Denn bisher hatte er geglaubt, seine Blume sei einzigartig und unvergleichbar. – In seiner Traurigkeit trifft er auf einen Fuchs. Er bittet den Fuchs, sein Freund zu werden. Der klärt ihn jedoch auf, so etwas gehe nicht so schnell, nicht von heute auf morgen. Das braucht Zeit, denn, meint der Fuchs: wir müssen erst miteinander vertraut werden. Und dann weiht er den kleinen Prinzen ein, wie das vor sich geht: wir kommen uns Tag für Tag ein Stückchen näher, rücken aufeinander zu, wir lernen uns immer besser kennen, bis wir schließlich ganz dicht, ganz nahe beieinander sind. Und wenn das soweit ist, dann wird jeder für den anderen einzigartig sein. Der Fuchs benützt dazu einmal folgende Worte:
»Wenn du mit mir vertraut bist, wird mein Leben wie durchsonnt sein. Ich werde den Klang deiner Schritte kennen, der sich von allen anderen unterscheidet. Die anderen Schritte jagen mich unter die Erde. Der deine wird mich wie Musik aus dem Bau locken. Und dann schau! Du siehst da drüben die Weizenfelder. Ich esse kein Brot. Für mich ist der Weizen zwecklos. Die Weizenfelder erinnern mich an nichts. Und das ist traurig. Aber du hast weizenblondes Haar. Oh, es wird wunderbar sein, wenn du mit mir vertraut bist. Das Gold der Weizenfelder wird mich an dich erinnern. Und ich werde das Rauschen des Windes liebgewinnen.«
So also ist es, wenn man miteinander vertraut wird und seine Einzigartigkeit entdeckt. Und was dazu ganz besonders wichtig ist, das eröffnet der Fuchs am Schluß. Um die Einzigartigkeit herauszufinden, um miteinander vertraut zu werden, muß man mit dem Herzen sehen. Das Wesentliche ist für die Augen unsichtbar!
Soweit möchte ich Ihnen aus diesem Buch erzählen. Vielleicht haben Sie zugestimmt: Ja, so ist es. Sich Zeit nehmen, sich kennenlernen, sich Tag für Tag, sich Stunde für Stunde näherkommen, miteinander vertraut werden, die Einzigartigkeit erkennen und schätzen lernen, das ist ein herrliches Unterfangen. Dabei mit dem Herzen sehen, um dadurch die volle Schönheit, die Tiefe, die Feinheit beim anderen herauszufinden, das ist beglückend. Das ist wie etwas, das Gott gefällt. Alles, was Gott bei uns Menschen ins Leben rufen möchte, ist dies, daß wir uns mit dem Herzen sehen, nicht allein mit den Augen. Daß wir das Herz sprechen lassen, wenn wir miteinander umgehen und zusammen sind, und nicht allein die Zunge. Erst dann entfaltet sich die ganze

Größe eines Menschen. Erst dann schließen sich immer wieder Neuheiten auf, ist Überraschendes zu finden.
Mit den Augen sehen, das hieße: Von dem Menschen bei mir weiß ich schon alles. Ich weiß, wie er aussieht, wie er denkt, wie er reagiert, was er redet, wie er sich kleidet. Er ist einer unter vielen. Mit dem Herzen sehen, das wäre: Meine Frau, mein Mann, das ist etwas ganz Besonderes, ist einmalig und unvergleichbar. Darum wollen wir auch heute an Ihrem Hochzeitstag bitten: Herr, lehre mich tun nach deinem Wohlgefallen. Dir gefällt es, sofern wir uns mit dem Herzen sehen. Schenke und erhalte uns diese Art. Sie soll unter uns weiten Raum gewinnen. Sie soll uns beflügeln und stärken, aufrichten und vergewissern in jedem Abschnitt unserer Ehe. Sie soll uns anstecken, miteinander mehr und mehr vertraut zu werden. Indem wir so bitten, werden wir dessen gewahr, wie Gott uns Menschen sieht. Er beurteilt uns nicht in erster Linie nach dem Äußeren. Er legt uns nicht fest auf Vergehen oder Scheitern, auf Ängste oder Abgründe, auf Verletzendes oder gar Vernichtendes. Statt dessen bleibt er uns zugewandt, sieht uns mit dem Herzen an, das leidet, wenn wir leiden. Das sich freut, wenn wir uns freuen. Das sich uns zukehrt, um uns darin einzuschließen und Leben zu schaffen. Er sieht uns mit dem Herzen an; und das ist nichts anderes als mit der Liebe. Und Liebe läßt nicht los, nicht fallen, auch wenn nicht alles reibungslos verläuft, nicht alles einfach von der Hand geht. Jemand hat einmal gesagt: Gott legt das Maßband nicht um den Kopf, sondern um das Herz. Um das also, was wir an Herzlichkeit, an Herzenswärme zu geben vermögen. Um das, was wir mit dem Herzen zu sehen bereit sind. Und das, weil Gott uns seine Herzlichkeit, seine Herzenswärme und seine Herzenssicht mitteilt, unter uns ausgießt und walten läßt.
Und wenn wir jetzt hinzufügen: »Dein guter Geist führe mich auf ebener Bahn«, dann bitten wir um Gottes Geist, der unsere Herzen anfüllt, anrührt und bewegt. Dann kann einen nichts so schnell aus der Bahn werfen. Nicht die Eigenheiten, nicht die Eigenarten des anderen. Nicht dessen Unfertigkeiten. Nicht jenes, was in unserem Leben nicht ständig glatt verläuft. Gottes Geist im Herzen wohnen zu lassen, das ist etwas Schöpferisches. So schöpferisch, wie eben nur die Liebe sein kann, die sehende Liebe, die den anderen annimmt und trägt, ihm verzeiht und ihn erwärmt, ihn ermuntert und ihn pflegt, ihm hilft und ihn befreit, je nach dem, was gerade nötig ist.
Ich wünsche Ihnen, daß Sie sich mit dem Herzen sehen können, mit einem liebenden Herzen. Daran hat Gott Wohlgefallen. Und so ist Gott selbst.

Horst-Werner Neth

Alles hat seine Zeit

Prediger 3,1 ff. (i.A.)

Ich weiß nicht, wie es Euch beiden, wie es Ihnen allen ergangen ist mit den Worten des Predigers Salomo (3,1 ff.). Vielleicht wirkten sie beim ersten Hören wie Wasser, in Wein geschüttet – so ernst, wie sie sind, an einem Tag der Freude. Mit dem Zweifel, den sie wachrufen, wo alles nach Gewißheit verlangt. In ihrer Schwermut das Herz belastend, das leicht sein möchte. Können wir uns auf sie einlassen?
»Alles hat seine Zeit« – wie das Geborenwerden, so auch das Sterben. So fängt die lange Reihe an. »Alles hat seine Zeit« – nicht nur das Weinen, auch das Lachen; nicht nur das Klagen, auch das Tanzen. Herzen hat seine Zeit (dabei habt Ihr Euch angesehen), aber aufhören zu herzen hat auch seine Zeit. »Alles hat seine Zeit« – Suchen und Verlieren, Wegwerfen und Behalten, Lieben und Hassen, Streit und Friede. Vielleicht sollten wir doch versuchen, uns auf diese Worte einzulassen. Es ist ja wahr. Und wir sollten es nicht verdrängen, was sie uns nahebringen, sondern es wahrnehmen.
Heute, denke ich, ist das so schwer nicht, heute ist das leicht. Heute wirkt das alles wie eine Erweiterung und eine Vertiefung einer sowieso schon großen Dankbarkeit. Suchen, ein langes Suchen, ist an sein Ziel gekommen. Und nun ist Zeit, hoffentlich viel Zeit, zu lieben, zu lachen und zu tanzen. Heute hört sich das ganz gut an: Liebe hat ihre Zeit. Liebe kann man nicht erzwingen, Liebe braucht man auch nicht zu erzwingen: Sie ergibt sich, ein wunderbares Geschenk Gottes.
Irgendwann, früher oder später, wird sich das anders anhören: Liebe hat ihre Zeit. Sie läßt sich nicht erzwingen. Sie läßt sich nicht einfordern, nicht einklagen, auch nicht aufgrund des Festes, das wir heute feiern. »Man mühe sich ab, wie man will, man hat keinen Gewinn davon . . .« Können wir uns damit abfinden? Könnt Ihr beide Euch mit abfinden?
Der Prediger Salomo kann es offenbar. Er sagt: »Ich sah die Arbeit, die Gott den Menschen gegeben hat, daß sie sich damit plagen.« Gott hat es so gewollt, daß Weinen und Lachen, daß Glück und Unglück so nahe beieinander, so wenig zu trennen sind. »Er hat alles schön gemacht zu seiner Zeit . . .« Eine Erinnerung an die Geschichte von der Erschaffung der Welt und des Menschen. »Er hat alles schön gemacht zu seiner Zeit. Auch hat er die Ewigkeit in ihr Herz gelegt, nur daß der Mensch nicht ergründen kann das Werk, das Gott tut, weder Anfang noch Ende.«
Ich meine, daß diesem Glaubensbekenntnis Erfahrungen entgegenkommen, die wir machen. Hin und wieder jedenfalls können wir Ja sagen

dazu, daß wir nicht nur das Glück brauchen, um Menschen zu werden und Menschen zu bleiben, sondern auch das Unglück. Daß wir nicht nur die Erfüllung unserer Sehnsucht brauchen, sondern auch ihre Enttäuschung. Trotzdem, meine ich, ist die fröhliche Resignation, mit der hier einer spricht, doch recht erstaunlich: »Da merkte ich, daß es nichts Besseres dabei gibt als fröhlich sein und sich gütlich tun in seinem Leben; denn ein Mensch, der da ißt und trinkt und hat guten Mut bei all seinem Mühen, das ist eine Gabe Gottes.«

Eine fröhliche Resignation, die rasch bitter werden kann. Eine heitere Nüchternheit, die rasch traurig werden kann. Ob sie uns genügt? Ich denke, sie genügt uns nicht, jedenfalls nicht immer, diese fröhlich-bittere Resignation, diese heiter-traurige Nüchternheit. Wir möchten mehr.

Wie hat es geheißen? »Gott hat die Ewigkeit in unser Herz gelegt.« Die anwesenden Theologen wissen vielleicht, wie fragwürdig diese Übersetzung ist. Immerhin: frag-würdig, weil vorausgreifend. Legen wir den Prediger ruhig so aus, wie manche ihn ausgelegt haben, auch wenn da andere widersprechen: Gott selbst hat die unstillbare Sehnsucht in unser Herz gepflanzt. Die unstillbare Sehnsucht, die unser Leben reich macht, aber weil sie immer wieder unstillbar ist, eben auch schwer macht.

Auf Dauer läßt sich das, glaube ich, nur ertragen, einigermaßen ertragen, durch einen Glauben, der über den Glauben des Predigers Salomo hinausgeht. Er war ja der Meinung, Gott sei im Himmel und wir auf Erden (5,1). Von den Evangelisten und Aposteln wissen wir es anders: Gott ist vom Himmel auf die Erde gekommen. Er herrscht nicht mehr, unberührt über allem, fern von uns, als der, der alles gemacht hat, schön oder schrecklich oder schön und schrecklich gemischt. Sondern er ist in allem, ganz nah bei uns, und als Menschensohn und Menschenbruder selbst berührt von allem, selbst betroffen von Liebe und Haß, von Glück und Unglück, von Leben und Sterben.

Gott – ein Mensch, lachend und weinend. Auch wenn die Evangelisten merkwürdigerweise nur erzählen, daß Jesus geweint habe – ich bin sicher: Er hat auch gelacht. Gott – ein Mensch, suchend und verlierend, angenommen und abgelehnt, geliebt und gehaßt. Gott – ein Mensch wie Du und Du und wir alle.

Dadurch ist alles anders geworden: Wir sind nicht mehr rat- und hilflos dem ewigen Wechsel zwischen Glück und Unglück, zwischen blühender und verdorrender Liebe ausgesetzt. Wir sind getröstet und ermutigt, herausgefordert aus dem ewigen Wechsel durch Worte und Zeichen, die jene unstillbare Sehnsucht in uns wach halten. Die Liebe, zu der wir fähig sind und die uns geschenkt wird, mag armselig, schwach, gefährdet und immer wieder rasch am Ende sein. Sie ist der Anfang von dem, was ewig bleibt. Was wir hier und jetzt erleben, wird am Ende immer noch und erst

recht um uns sein, überreich, stark wie der Tod, unaufhörlich und unzerstörbar.
Johannes hat das am Anfang seines Evangeliums in die Form einer Geschichte gefaßt. Er erzählt, daß bei einer Hochzeit der Wein ausging und daß Jesus das Fest rettete, indem er Wasser in Wein verwandelte. Wir brauchen also keine Sorge zu haben, daß uns der Wein ausgeht ...
Paul Gerhardt sagt das gleiche noch einfacher und ganz unverhüllt, vor allem so, daß man es singen kann: »Alles Ding hat seine Zeit, Gottes Lieb in Ewigkeit«. Dieses Lied (232) wollen wir nun singen.

Christian Zippert

Von Wechsel und Schönheit

Prediger 3,1–8.11b

Im Garten unter den hohen Bäumen haben wir zusammengesessen, Sie beide und Ihre Familien und ich, und während es dunkel und kühler wurde, wurden mir die Beziehungen zwischen Ihnen allmählich deutlicher. Sie haben erzählt, wo und wie Sie sich begegnet sind, Sie haben sich erinnert an vergangene Jahre und vorsichtig hineingeblickt in kommende Tage. Sie beide kommen von weither aufeinander zu. Es ist anzunehmen, daß die beiden Familien trotz des sechsjährigen Aufenthalts der amerikanischen Familie in Deutschland nie etwas miteinander zu tun bekommen hätten, wenn Sie beide sich nicht in der Münchener Universität zuerst gesehen und dann angesehen hätten. Sie kommen von weither. Und wo Sie bleiben werden, das ist ganz ungewiß. Nicht einmal über die Staatsangehörigkeit läßt sich jetzt Zuverlässiges sagen. Vielleicht werden Sie diese Ungewißheit nicht immer so gelassen und lächelnd hinnehmen können, wie Sie es im Garten taten. Aber Sie sind ohne Angst. Die eheliche Beziehung, die Sie im Vertrauen auf Ihre Liebe eingegangen sind, hat etwas in hohem Maße Selbstverständliches: So ist es nun eben! Und die Ungewißheit, in die Sie hineingehen, macht Sie nicht unsicher, Sie verstehen sich. Vorläufig findet die Verständigung noch überwiegend in deutscher Sprache statt, aber das kann sich noch ändern. Für Ihr gegenseitiges Verstehen ist das heute keine Angelegenheit von Bedeutung.
Das alles mag sich so anhören, als hielten Sie es in vollkommener Arglosigkeit für ganz unmöglich, daß Sie je etwas anderes erleben könn-

ten, als glücklich miteinander zu sein. Aber so ist es nicht. Mit 25 und 27 Jahren sind Sie, was das Schicksal menschlicher Beziehungen angeht, nicht mehr ahnungslos. Das zeigt sich auch an den Bibel-Sätzen, die Sie beide ausgesucht haben für diesen Gottesdienst und für die Deutung Ihres gemeinsamen Lebens. Es sind die folgenden Sätze aus dem alttestamentlichen Buch des Predigers:

Alles hat seine Zeit,
und was immer unter dem Himmel geschieht,
hat seine Stunde:
geboren werden und sterben,
pflanzen und ausreißen,
töten und heilen,
abbrechen und aufbauen.
Weinen hat seine Zeit,
und lachen hat seine Zeit,
klagen und tanzen,
Steine wegwerfen und Steine sammeln;
umarmen und sich meiden,
suchen und verlieren,
behalten und wegwerfen.
Zerreißen hat seine Zeit,
verbinden hat seine Zeit,
schweigen und reden,
lieben und hassen,
Streit und Friede.
Denn der Mensch kann das Werk, das Gott tut,
doch nicht ergründen: weder Anfang noch Ende.«

»Alles hat *seine* Zeit«: Die also wird nicht von den Menschen bestimmt. »Was immer unter dem Himmel geschieht, hat *seine* Stunde«: Die ist, so sagt der Prediger, von Gott gesetzt. Gott ist hier der Name für die Unverfügbarkeit des Lebens. Man kann diese Rede von Gott auf die Grenzsituationen des Lebens beziehen, auf die Probleme der Verzögerung und der Einleitung von Geburten ebenso wie auf die verwirrende Kompliziertheit der Sterbehilfe-Diskussion. Aber nicht nur in den Grenzsituationen »sagt« die Rede von Gott etwas, sondern auch in der Mitte und im Alltag des Lebens. Wir haben es nicht in der Hand, daß uns gelingt, was wir uns vornehmen. Plötzlich kippt Ausgelassenheit in Traurigkeit um, und umgekehrt geht eine Phase von Schwäche unversehens zu Ende, und wir sind kräftig, zuversichtlich, voller Pläne. Wir haben gute Tage und schlechte Tage. Den zahlreichen Büchern zum Trotz, die Rezepte für Glück und Erfolg anbieten und behaupten, es sei möglich, alle gegenteiligen Erfahrungen zu vermeiden, sage ich, daß wir nicht

anders können, als uns mit dem Wechsel zu versöhnen und möglichst zu befreunden. Das Leben baut sich aus Spannungen auf: So sagen es diese biblischen Sätze. Und sie haben darum recht, weil unsere Lebenserfahrung sie bestätigt. Wir finden oft nicht heraus, warum etwas gerade *jetzt* sein »muß«: warum wir unaufmerksam, angespannt und voller Unruhe sind – warum uns aus der Hand gleitet, was wir gesammelt und in Sicherheit gebracht glaubten – warum, was wir tun, jetzt nicht verbindet, sondern trennt – warum wir jetzt nicht lieben können, sondern Haß in uns finden. Alles das – so sagt der Prediger – ist das »Werk Gottes, das der Mensch nicht ergründen kann«. Auch Menschen, die von Gott nicht unbefangen oder überhaupt nicht reden können, erleben doch dasselbe: daß sie ihr Leben nicht in der Hand haben. Schmerzen sind nicht vermeidbar; was wir bauen, wächst nicht in den Himmel; nichts, was wir gewonnen haben, ist unverlierbar. Aber zu dieser Aufzählung gehört auch die Umkehrung: Was uns weh tut, ist irgendwann verschmerzt; aus den Trümmern und in den Trümmern unseres Lebens wächst etwas Neues heran; und wenn wir ganz leer dastehen, dann finden wir manchmal in einer Ecke unseres Ichs, die wir nicht beachtet haben, eine Fülle, für die wir nichts getan haben.
Sich dem Wechsel von Abbrechen und Aufbauen, Weinen und Lachen, Suche und Verlieren anvertrauen, sich mit ihm versöhnen, sich auf ihn einlassen: das ist, im Sinne des Predigers, die höchste Klugheit, die ein Mensch im Angesicht Gottes erreichen kann. Es ist wichtig zu bemerken, daß seine Sätze nicht auf eine Auflösung der Spannungen zielen. Die Stimme des größten Skeptikers, auf den wir in der Bibel treffen, sagt: Gott macht das Lachen und das Weinen, den Streit und den Frieden, den Haß und die Liebe; ihr könnt nicht ergründen, was er tut und warum er es tut, noch viel weniger könnt ihr vermeiden oder ändern, was er euch zudenkt. Mensch zu sein bedeutet: diese Spannungen auszuhalten, selbstbewußt und frei übrigens. Die realen Spielräume der Freiheit lassen sich erst dann finden, wenn man aufgehört hat, sie an den falschen Stellen zu suchen.
Die Deutung der Sätze aus dem Buch des Predigers könnte wohl an dieser Stelle aufhören. Aber ich will noch etwas hinzufügen, was mir erst nach unserem Garten-Gespräch klar geworden ist. Nach der Beschreibung des von Gott bestimmten Wechsels heißt es unvermutet: »Gott hat alles schön gemacht zu seiner Zeit, auch hat er (den Menschen) die Ewigkeit ins Herz gelegt«, und dann erst: »Aber der Mensch kann nicht ergründen, was Gott tut.« Was den Menschen bestimmt ist, das bezeichnet der Prediger als »schön«, nicht etwa als eine unablässige Versagung, nicht als lebenslange Peinigung. Der Wechsel von Schweigen und Reden, von Behalten und Wegwerfen, von Umarmen und Sich-Meiden ist

schön! Und wirklich empfinden wir das oft so, wenn wir in vergangene Jahre zurücksehen (wenn auch nicht unbedingt im Augenblick des Wechsels). Die Schönheit unseres Lebens scheint nicht das Unvergängliche, das Dauerhafte, das Stetige auszumachen, sondern sie scheint aus den Spannungen hervorzugehen, die wir erlitten, ertragen und angenommen haben. Und dann kommt die seltsame Bemerkung, Gott habe den Menschen »die Ewigkeit in ihr Herz gelegt«. Das heißt wohl, daß sie mehr sind, als sie von sich wissen, daß sie eine unendliche Sehnsucht in sich haben, daß sie verbunden sind mit dem Leben vergangener und dem kommender Generationen, daß sie von weither kommen und während der paar Sommer, in denen für sie »Tag ist auf dieser Erde«, auf einem unendlichen Weg sind. Daß wir uns mehr denken, als wir verwirklichen können, und Bilder in uns haben, die größer sind als alles, was ist, das macht unser Leben inmitten aller Schmerzen schön.
»Gottes Zeit ist die allerbeste Zeit«, so heißt der Anfang einer Kantate von J. S. Bach. Dasselbe meint der Prediger. Sie werden es vielleicht nicht immer so empfinden können, wenn Sie auf Ihrem gemeinsamen Weg in Zeiten des Wechsels und der Veränderungen kommen, die Sie nicht gewollt haben. Aber »denen, die Gott lieben, müssen alle Dinge zum Besten dienen«, sagt Paulus. Das heißt: Sie können alles, was ihnen geschieht, so verwandeln, daß es *für Sie* ist, daß es Ihnen zum Segen wird. Alles, was Sie miteinander erleben in guten und in bösen Tagen, wird Sie nicht von Gott entfernen, es wird Sie in Berührung bringen mit der bitteren Schönheit des Lebens, Sie werden sich einlassen auf den Wechsel von Klage und Tanz, Schweigen und Reden, und mitten darin werden Sie Ihr eigenes Leben finden. Und wir wünschen Ihnen, daß es viele Tage gebe, an denen Sie unbefangen und glücklich sagen können: Es ist schön.

Für diese beiden Menschen bitten wir dich, Gott: »*ein* Fleisch« geworden und dennoch zwei Leben,
jedes mit eigener Herkunft und Geschichte,
jedes mit unauslöschlichen Eigenarten,
die nicht aufgehen werden in denen des anderen, mit Ängsten, die nicht einmal die Liebe erlösen wird,
mit den Schatten vergangener Jahre,
mit der besonderen Sehnsucht nach Wärme und Vertrautheit.
Für diese beiden Menschen bitten wir dich, Gott:
daß sie, Gäste auf Erden und an verschiedenen Orten der Erde,
füreinander »Gast im Haus« sein werden,
niemand zueigen, nicht des anderen Besitz,
nicht abhängig voneinander und von dem,

was ihnen gehört,
sondern einander zugetan in freier Liebe;
daß sie einander zu gehören vermögen in dem Maß,
wie sie sich lassen können.
Daß sie sich schön finden im Gesicht des anderen und sich fühlen mit seinen Sinnen.
Daß sie genau kennenlernen, was sie unterscheidet, damit sie um so genauer wissen, was sie eint.
Daß sie sich nicht fürchten voreinander.
Daß ihre Freundlichkeit wachse und sie wachsen in der Freundlichkeit, die sie einander geben.
Daß sie nie zur Waffe gegen den anderen machen, was sie über ihn erfahren und mit ihm erleben.
Daß sie einander vertrauen und vergeben können.
Ihrer Liebe gib einen langen Atem, Gott.
Es ist deine Liebe, von der wir leben
und von der diese beiden leben werden.
Sie hört nicht auf, sagst du, und wir wollen dir glauben. Amen

Wollen Sie in der Zuversicht, daß Gottes Zeit die allerbeste Zeit sei, und in dem Bemühen, die wechselnden Zeiten Ihres Lebens anzunehmen, Ihre Ehe führen in guten und in bösen Tagen, so antworten Sie: Ja.

Klaus Eulenberger

Sprache der Liebe

Prediger 5,1

Man soll reden miteinander, viel und noch mehr; nichts unterdrücken, nichts verdrängen, nichts verschweigen, sondern sich aussprechen, das Gespräch suchen, sich zur Sprache bringen ... Das kann man hören oder lesen, jederzeit und allüberall.
»Laß deiner Worte wenig sein ...« – so die Bibel.
Also: Sei behutsam, bedächtig, umsichtig. Nur langsam! Lieber ein Wort zu wenig als eins zu viel. Muß man alles sagen, was man weiß? Man muß es nicht.
Sage das Notwendige mit Bedacht ... Ist das gemeint?

Wir hantieren, montags bis sonntags, mit Wörtern, teilen sie mit, teilen sie aus, geben sie von uns und immer weiter. Zehntausend ausgeleierte Wörter vielleicht, tausend nichtssagende, hundert beziehungslose, und vielleicht nur zehn, die guttun und nicht ohne gute Folgen bleiben.
Die Zahl der guten Wörter ist ziemlich klein.
Es gibt die Wahrheit und die Lüge, aber von allem auch ein bißchen. Es gibt das Geschwätz und das Zerreden, die bloße Aneinanderreihung von Wörtern. Und es gibt die Sucht, allen alles mitteilen zu wollen, einfach so drauflos.
Manche Wörter sind aus nichts, und für nichts da . . .
Es gibt eine Menge gutgemeinter Ratschläge, gerade auch für Ehepaare. Sie lauten: Es ist wichtig für ein gemeinsames Leben, daß man miteinander reden und aufeinander hören kann. Es ist ebenso wichtig, daß man sich zuweilen zur Rede stellt, Auskunft gibt, ein Gespräch beginnt, sich überhaupt äußert.
Gut.
Doch gibt es das nicht auch: das Stöhnen, das Seufzen, ein wortloses Einverständnis, das »Weiße zwischen den Buchstaben«, das Ungesagte, ein Gespräch mit sich selbst, die vorsichtige Suche nach Wörtern, das Stammeln, die Gedanken und das Schweigen?
Doch, das gibt es. Und es darf es geben.
Man kann mit Wörtern so vieles anstellen . . .
Sie verwischen und verfälschen und verleiten, sie verschlimmern und verletzen, machen mundtot, verdüstern den Tag, machen Abende traurig, lasten auf der Seele, rauben den Schlaf.
Mit Wörtern können wir lähmen, krank machen, töten. Jedes Wort läßt sich mühelos mißbrauchen. Und die Mißbraucher benutzen Wörter wie die Menschen: nur als Mittel zum eignen Zweck . . .
Nicht selten kommt es zwischen zwei Menschen zu Wortgefechten, zu wortreichen Auseinandersetzungen, man schleudert sich Wörter entgegen. Wörter können zu Waffen werden . . .
»Laß deiner Worte wenig sein . . .« – so die Bibel.
Man soll nicht reden, wenn man nichts zu sagen hat. Man sollte sich jedes Wort zuerst überlegen, bevor man es laut sagt. Es ist durchaus möglich, das eine oder andere Wort ungesagt zu lassen.
Es gibt auch die Bewegung, die Geste, den Händedruck, das Lächeln der Augen, die sanfte Berührung, das Umarmen, das gemeinsame Schweigen, ein Verstehen ohne Worte, die Blicke und die Gedanken, die weiterreichen und oft viel mehr zu sagen haben.
Es gibt jedoch Menschen, die reden einfach weiter . . .
»Laß deiner Worte wenig sein . . .« – so die Bibel.
Du mußt dich nicht an Lieblingswörter klammern, nicht für jeden jeder-

zeit einen Rat haben und eine Deutung, man kann nicht alles erklären oder auf einen Nenner bringen. Deine Lösung muß nicht unbedingt die Lösung für einen anderen sein, deine Ergänzung nicht *die* Hilfe und deine Antwort nicht die alleinige.
Es gibt auch Satzanfänge, die zu keinem Ende kommen, doch der andere weiß sich verstanden. Es gibt die freundliche Zustimmung, ein Augenzwinkern vielleicht, und du mußt gar nicht mehr weiterreden. Es gibt die Schulter, an die du dich lehnst, und zwei Menschen können sich die Wörter schuldig bleiben.
»Laß deiner Worte wenig sein . . .« – so die Bibel.
Schöner, einladender Gedanke.
Man kann ja mit Wörtern unheimlich vieles anfangen und anrichten. Mit Wörtern kann man drohen, Angst machen, zerstören, entmutigen; man kann sich mit ihnen versteifen, behaupten, ungebeten in Köpfe einnisten. Mit Wörtern kann man andere einlullen, überreden, verführen. Mit Wörtern kann man Macht ausüben.
Wörter lassen sich schwer kontrollieren. Und was man einmal gesagt hat, das läßt sich nicht mehr wegreden.
»Laß deiner Wort wenig sein . . .« – so die Bibel.
Und das soll gelten, für uns, für euch zumal.
Ihr beide wißt es viel besser als wir alle: Die Liebe kommt mit ganz wenigen Wörtern aus, und die Sprache der Liebe kennt weder eine exakte Rechtschreibung noch eine festgelegte Grammatik. Die Sprache der Liebe ist klar, einfach und verständlich; sie hat immer das rechte Wort zur rechten Zeit, und zuweilen kann sie dem anderen wortlos zu verstehen geben: Du brauchst gar nichts mehr zu sagen, ich habe dich ja längst verstanden.
Liebende haben eine eigene Sprache. Sie ›reden‹ meist sowieso nur mit den Händen, den Augen. Wo die Liebe fehlt, bleiben die Wörter bloß Wörter, die aus lauter Buchstaben bestehen . . . Mag sein, man redet noch miteinander, aber man hat sich nichts mehr zu sagen.
»Laß deiner Worte wenig sein . . .« – für Liebende ist dieses Wort aus der Bibel nahezu überflüssig. Für Liebende! Sie haben sich viel zu sagen, obwohl sie gar nicht viel zu reden haben. Sie kennen eine Menge wunderschöner Liebesgeschichten, doch die behalten sie sowieso für sich. Sie können auf die vielen Wörter leichtlich verzichten, der andere hat sie schon längst gut verstanden.
Und vielleicht kann man die schönsten Liebesgeschichten gar nicht weitererzählen, weil man dafür gar nicht die rechten Worte hat oder weil man spürt, daß jedes Wort zuviel ist.
Es soll sie geben, immer mal wieder und unaufhörlich, in eurem gemeinsamen Leben: die kleinen Liebesgeschichten, die man mit Worten nicht

wiedergeben kann. Das Glück, ein »Ja« zu hören, angenommen und anerkannt zu sein, ohne daß die Worte fallen. Ein Verstehen, das keiner Sprache bedarf.
Gott ist ganz sicher auf der Seite der Liebenden, und bestimmt auch auf der Seite derer, die weder viele Worte machen noch brauchen.

Dieter Schupp

Frieden und Gerechtigkeit

Jesaja 9,1-7

Eine Hochzeit, liebe Freunde, kann man so oder so feiern. Man kann sie sehr repräsentativ anlegen, mit viel äußerem Aufwand, der erkennen läßt, daß es uns gut geht und daß für diesen Anlaß keine Mittel und Kosten gescheut werden. Man kann seiner Hochzeit aber auch einen anderen Akzent geben, bei dem nicht so sehr das äußere Drum und Dran im Vordergrund steht, sondern die Innenseite dessen, worum es den Beteiligten bei ihrer Hochzeit eigentlich geht. Ihr, liebes Hochzeitspaar, habt Euch für diese zweite Möglichkeit entschieden. Ihr wollt Euren Freunden und Eurer Umwelt signalisieren, wie Ihr Eure eigene Entscheidung versteht, was sie für Euch bedeutet und, vor allem, auf welcher Basis sie ruht. Ein bißchen habt ihr darüber ja schon mit Eurer Anzeige Auskunft gegeben, wo es unter der Überschrift »Wir trauen uns« heißt: »Jetzt zu heiraten bedeutet, daß wir unsere Gratwanderung im Hinblick auf die Veränderungen in der Zukunft mit anderen Mitteln und Möglichkeiten fortsetzen«. Das Stichwort »Gratwanderung« sagt, wie Ihr die Lage beurteilt: Sie steht auf des Messers Schneide. Damit ist sicher die Lage der Welt insgesamt gemeint. Und es stimmt: Politisch, ökonomisch wie ökologisch steht es auf des Messers Schneide. Diese gefährliche Zuspitzung hat damit zu tun, daß sich in unserem Jahrhundert aufgrund der wissenschaftlichen und technischen Entwicklung fast sämtliche Probleme zu weltweiten Problemen ausgeweitet haben, und zwar mit solchem Tempo und mit so schwerwiegenden Folgen, daß fast alle Lösungsmodelle, die wir für bestimmte Bereiche geschaffen haben, versagen. Das Regieren, das Wirtschaften, das Lehren und Lernen, die Sinn- und Wertvermittlung – das alles ist mit den bisherigen Mitteln nicht mehr zu lösen. Man kann eben nicht mit der Atombombe rasseln wie mit dem Säbel, und wer eines mit dem anderen verwechselt, setzt die Existenz der Menschheit aufs Spiel. Das ist die Gratwanderung, von der Ihr sprecht. Sie beschreibt die Rahmenbedingungen, unter denen Ihr heiratet, und sie beschreibt damit zugleich die ungeheuere Verunsicherung der Menschen, die diesen Druck auf sich lasten fühlen. Individuelles Bewußtsein und gesellschaftliches Sein lassen sich halt schlecht voneinander trennen. Wie weit letzteres ersteres bestimmt, ist hier nicht zu diskutieren; daß ein Zusammenhang besteht, wird niemand leugnen.

Daraus ergibt sich die Frage, mit welchen Mitteln und Möglichkeiten Ihr Eure Gratwanderung fortsetzen wollt, anders gefragt: Was gibt Euch eigentlich den Mut und das Vertrauen, unter solchen Voraussetzungen zu heiraten, also einen Schritt zu wagen, der sehr viel mit Eurer Zukunft zu tun hat, die aber ihrerseits überhaupt nicht zu trennen ist von der Frage nach der Zukunft unserer Welt?

Ihr sprecht ja selber in Eurer Anzeige von den »zerstörenden Kräften« dieser Gesellschaft,» in der die Angst herrscht, in der Menschen seelisch kaputtgehen und dem Druck nicht mehr gewachsen sind, der auf ihnen lastet«. Wer oder was liefert Euch in dieser Situation die Perspektive, auf die hin Ihr's miteinander wagen wollt?

Wenn ich das richtig sehe, habt Ihr mit der Wahl Eures Trautextes versucht, die Richtung anzudeuten, in die das Ganze für Euch läuft. Dieser Text aus Jesaja 9, den ich jetzt vorlesen möchte, ist ein sehr alter Text aus der prophetischen Tradition des jüdischen Volkes, zugleich einer der großen Hoffnungstexte, die uns als Teil der geistesgeschichtlichen Gesamtüberlieferung der Menschheit überkommen sind. Die Kirche hat diesen Text sehr früh in eine Beziehung zu Weihnachten gesetzt, und wer ihn von daher kennt, mag es als ungewöhnlich empfinden, ihn plötzlich auf der Höhe des Jahres zu hören:

»Das Volk, das im Finstern wandelt, sieht ein großes Licht, und über denen, die da wohnen im finstern Lande, scheint es hell. Du weckst lauten Jubel, du machst groß die Freude. Vor dir wird man sich freuen, wie man sich freut in der Ernte, wie man fröhlich ist, wenn man Beute austeilt. Denn du hast ihr drückendes Joch, die Jochstange auf ihrer Schulter und den Stecken ihres Treibers zerbrochen wie am Tage Midians. Denn jeder Stiefel, der mit Gedröhn dahergeht, und jeder Mantel, durch Blut geschleift, wird verbrannt und vom Feuer verzehrt. Denn uns ist ein Kind geboren, ein Sohn ist uns gegeben, und die Herrschaft ruht auf seiner Schulter; und er heißt Wunder-Rat, Gott-Held, Ewig-Vater, Friede-Fürst; auf daß seine Herrschaft groß werde und des Friedens kein Ende auf dem Thron Davids und in seinem Königreich, daß er's stärke und stütze durch Recht und Gerechtigkeit von nun an bis in Ewigkeit. Solches wird tun der Eifer des Herrn Zebaoth.«

Wir dürfen uns von diesen Worten durchaus angesprochen fühlen, denn als Volk, das im Finstern wandelt und im finstern Lande wohnt, können wir uns sehr wohl wiedererkennen. Die Frage ist, ob wir auch das große Licht sehen, von dem Jesaja spricht, das angeblich so hell scheint, daß man es sehen kann.
Es ist jetzt unvermeidlicherweise von Gott zu reden, der mit dieser Frage ins Spiel kommt. Aber es kommt auch dabei sehr darauf an, *wie* man ihn ins Spiel bringt. Man kann Gott als den großen Trost im Jenseits darstellen, der das arme Volk im Finstern für alles entschädigen wird, was ihm hier an Licht gefehlt hat. Wo das geschieht, wird Religion zum Opium des Volkes, mit dem man »die Zufälligkeiten des Chaos« und »das Gesetz des Dschungels«, wie es in Eurer Anzeige heißt, überspielt und verharmlost. Gott wird dann zum wirkungsvollen Dressurinstrument in der Hand der Herrschenden.
Das ist leider oft genug geschehen, und das ist ein Teil der historischen Last, an der die Kirche krankt.
Aber, liebe Freunde, wir säßen nicht hier, wenn das die einzige Möglichkeit wäre. Man kann und darf Gott auch für sich in Anspruch nehmen als den Namen, unter dem sich alle künftigen Möglichkeiten verbergen, von deren Vorhandensein und Richtigkeit ich überzeugt bin; ich kann und darf ihn verstehen als den Garanten dieser Möglichkeiten, der unerreichbar bleibt für die zerstörischen Absichten von Menschen; und ich kann und darf mich deshalb auf ihn beziehen als die eigentliche und tiefste Quelle, aus der ich die Kraft beziehe, gegen alle Wahrscheinlichkeit und allen Augenschein an der Veränderung der Verhältnisse mitzuwirken und mich einzusetzen für Frieden und Gerechtigkeit.
Das Verblüffende an diesem Text ist doch, daß Jesaja zu einem Zeitpunkt, in dem Israel unter dem Druck der Assyrer ächzt, so spricht, als sei die Befreiung schon Wirklichkeit: »Du hast ihr drückendes Joch, die Jochstange auf ihrer Schulter und den Stecken des Treibers zerbrochen wie am Tage Midians«, als Israel unter Gideon einen großen Sieg über seine damaligen Feinde, die Midianiter, errang. Das kann doch nur heißen: Die eigentliche Absicht Gottes mit seinem Volk ist die Freiheit. Sie bleibt als Aufgabe und Herausforderung immer wieder zu realisieren, ebenso wie die Überwindung des Militarismus und der Einstellung, die er verkörpert, denn: »Jeder Stiefel, der mit Gedröhn einhergeht, und jeder Mantel, durch Blut geschleift, wird verbrannt und vom Feuer verzehrt.« Das sind schon eindrückliche Formulierungen, und es bleibt jedem überlassen, sich seinen Reim darauf zu machen.
Die Quintessenz dieses Textes und seine eigentliche Herausforderung liegt aber in dem, was dann folgt: »Denn uns ist ein Kind geboren, ein Sohn ist uns gegeben, und die Herrschaft ruht auf seiner Schulter«. Das

ist schon damals eine Provokation gewesen: dem riesenhaften Assur mit seiner hochgerüsteten Armee die Macht zu bestreiten und sie einem Kinde zuzusprechen, einem völlig wehrlosen, offenen, verletzlichen Wesen. Das ist die gleiche Art der Provokation wie Franz Alts Behauptung »Der Friede ist möglich – die Politik der Bergpredigt«, von der ja nicht erst Helmut Schmidt, sondern die Realpolitiker aller Zeiten behauptet haben, sie tauge nicht für die Tagespolitik.
Und doch ist genau das die entscheidende Frage: Auf welche Kräfte setzen wir unser Vertrauen – konkret gefragt: Seid Ihr beiden Euch darüber im klaren, was Ihr tut und was Ihr zu erwarten habt, wenn Ihr Euch zu dem Kinde bekennt und zu dem, wofür es steht? Das Kind ist ein Symbol der Menschlichkeit, es appelliert an die besten Fähigkeiten in uns: an Liebe, Einfühlungsvermögen, Zuwendung und Vertrauen, an Verstehens- und Verständigungsbereitschaft, kurzum, an all das, was man die gärtnerischen Kräfte und Möglichkeiten in uns nennen könnte. Für die Christenheit ist das, was dieses Kind meint, auf exemplarische Weise in Jesus von Nazareth Wirklichkeit geworden. Darum ist dieser Text in die Liturgie der Heiligen Nacht geraten. Aber Ihr wißt, was sie mit diesem Kind gemacht haben, als es zum Manne geworden war: Sie haben ihn zerstört, beseitigt, eliminiert, weil er in seiner Parteinahme für die Randgruppen seiner Gesellschaft, für Ausgestoßene und Unterprivilegierte, als ein unerträglicher Provokateur empfunden wurde.
Wir sollten nicht meinen, durch eine spontane und vorschnelle Identifizierung mit dem Kinde sei die Sache für uns gelaufen. Zu viel aggressives Potential, zu viel Angst, zu viel Verteidigungsbedürfnis lebt in uns selber, als daß das Kind nicht auch für uns zur großen Herausforderung würde, an der wir zuschanden werden, weil wir's auch nicht fertigbringen, das zu leben, wozu es uns einlädt.
Und doch: Wenn Ihr Euch diesen Text für diese Stunde gewählt habt, dann bekennt Ihr Euch zu diesem Kind und zu seinen Grundsätzen, dann erklärt Ihr, daß Ihr ihm recht gebt und daß Ihr gewillt seid, Euer Vertrauen auf seine Vorstellung von Herrschaft und von Frieden zu setzen, also auch für diese Art des Lebens einzutreten. Das heißt aber: Ihr schließt Euch mit ein in das »uns« des Propheten: »Denn *uns* ist ein Kind geboren«. Und ich vermute, Ihr tut es in der Hoffnung, möglichst viele Verbündete und Freunde zu finden, die sich gleichfalls mit einschließen in dieses »uns«, damit Ihr Euch nicht so alleine fühlen müßt auf Eurem Wege als Ehepaar in diesen finsteren Zeiten. Denn es wird Prügel setzen auf diesem Wege, schmerzhafte Verletzungen und Niederlagen, denn noch immer ist das Kind und das, was es verkörpert, eine Herausforderung, die Widerstand hervorruft und Abwehr provoziert. Um so wichtiger wäre es, wenn es Euch selber gelänge, Frieden und Gerechtigkeit in

Eurer Zweierbeziehung zu realisieren. Ich sage das, weil es allzuleicht geschieht, daß man die Herausforderung immer nur draußen sieht, sozusagen auf der anderen Seite, und die eigene Beziehung hauptsächlich aus der gemeinsamen Gegnerschaft lebt. Das wird nicht reichen. Frieden als das vorbehaltlose Geltenlassen des anderen und Gerechtigkeit als die Fähigkeit, dem anderen in seiner Eigenart gerecht zu werden, das sind Aufgaben, die Euch selber fordern, vor und zugleich mit allen gesellschaftlichen Herausforderungen, denen Ihr Euch stellen wollt.
Daß es Euch gelinge, das Vertrauen durchzuhalten, das Ihr mit der Wahl dieses Textes bekundet habt, daß Ihr Erfahrungen macht, die Euch ermutigen und bestärken, auf diesem Wege weiterzugehen, daß Ihr darin Erfüllung für Euch selber erfahrt und die Kraft empfangt, die Euch stärkt und stützt, »dem Reich der Himmel und der Freiheit zu dienen«, wie Ihr geschrieben habt, und daß Ihr selber einen Zipfel dieses Himmelreichs erhascht und den Geschmack der Freiheit auf Eurer Zunge spürt, das wünschen wir Euch von ganzem Herzen, für heute, für morgen und für die Summe der Tage, die Eure Ehe währen wird
Wenn wir jetzt beten, möchte ich Sie bitten, immer an den Stellen, wo es heißt: »Dafür rufen wir gemeinsam zu dir«, zu antworten mit dem Satz: »Guter Gott, erhöre uns!«

O Gott, von dem wir bekennen, daß du die Liebe bist: Erhöre uns, wenn wir jetzt beten für dieses Paar, daß sie in ihrer Ehe glücklich werden, daß sie sich in ihrem Leben viel Freude, Erfüllung und Ermutigung schenken und daß ihre Liebe immerfort wachse und lebendig bleibe. Dafür rufen wir gemeinsam zu dir:
Guter Gott, erhöre uns!
Wir beten auch für die Eltern der beiden, denen sie ihr Leben verdanken, für die Familien, in denen sie aufgewachsen sind, für alle Verwandten und Freunde und für alle, die ihnen zum Glauben an dich verholfen haben, daß du sie und uns alle im Glauben bewahrst. Dafür rufen wir gemeinsam zu dir:
Guter Gott, erhöre uns!
Wir beten auch für alle Verheirateten, daß sie zusammenhalten können, daß es ihnen gelingt, die Freude miteinander zu teilen und Lasten gemeinsam zu tragen. Dafür rufen wir gemeinsam zu dir:
Guter Gott, erhöre uns!
Wir beten auch für alle Eheleute, die es miteinander schwer haben, die sich fremd geworden sind und in ihren Enttäuschungen verbittern, auch für die, deren Ehe zerbrochen ist, daß sie die Achtung für einander nicht verlieren und den Frieden finden, den sie ersehnen. Dafür rufen wir gemeinsam zu dir:
Guter Gott, erhöre uns!

Wir beten auch um Frieden und Gerechtigkeit für diese Welt, daß alle Menschen ihre Liebe leben können in Geborgenheit und Zuversicht, daß unser Glaube uns bereit macht, für Frieden und Gerechtigkeit einzutreten, und daß dein Himmel übergehe auf uns alle, dafür rufen wir gemeinsam zu dir:
Guter Gott, erhöre uns!
Zu dir, dem dreieinigen Gott, beten wir mit den Worten, die uns Jesus gelehrt hat: Vater unser . . .

Geschrieben und gehalten für ein junges Paar aus meiner Gemeinde, beide studierte und arbeitslose Sozialpädagogen, engagiert und motiviert in Friedensinitiativen und ökologischen Aktionen durch ein politisch verstandenes Evangelium. Der Gottesdienstverlauf war lange und sorgfältig vorbesprochen, der Text vom Brautpaar gewählt.

Jochen Rieß

Vom Suchen und Finden

Jeremia 29,13

Rabbi Baruchs Enkel David spielte einst mit seinem Freund Verstecken. Er verbarg sich gut und wartete, daß ihn sein Gefährte suche. Als er lange gewartet hatte, kam er aus dem Versteck. Aber der Freund war nirgends zu sehen. Nun merkte David, daß der andere ihn gar nicht gesucht hatte. Darüber mußte er weinen und kam weinend in die Stube seines Großvaters gelaufen, beklagte sich über den bösen Spielgenossen. Da flossen Rabbi Baruch die Augen über, und er sagte: »So spricht Gott auch: ›Ich verberge mich, aber keiner will mich suchen‹«.
Diese Geschichte zeigt sehr einfühlsam, wie Menschen, die sich gerne mögen, es brauchen, daß man sich gegenseitig sucht und findet. Und was für die gute Beziehung zwischen Menschen gilt, das gilt dann wohl auch für eine gute Beziehung zwischen Mensch und Gott.
Dieser Trauspruch, der zugleich der Konf.-spruch der Braut ist, drückt sehr tiefsinnig aus, in welcher Weise eure Ehe wohl gelingen könnte: es ist nicht so, daß nun alles seinen guten und friedlichen Gang gehen wird, nachdem ihr euch gesucht und gefunden, oder vielleicht sogar ohne zu suchen einander gefunden habt – damals vor 4 Jahren beim Straßenfest in der Seilerei.

Eure Ehe wird nur gelingen, wenn ihr euch immer wieder neu sucht. Es kann sein, daß ihr nur einzelne Teile, einzelne unbekannte Eigenschaften oder Fähigkeiten von einander sucht und entdeckt. Es kann auch sein, daß ihr euch gegenseitig einmal ganz verliert – indem ihr euch an andere Menschen oder an andere Interessen verliert. Es kann auch sein, daß einer von euch es für nötig hält, sich einmal vor dem anderen zu verstecken, weil der Partner gar nicht mehr zu merken scheint, ob ich noch da bin oder nicht. Dann ist es wichtig, lebens- und ehewichtig, daß du mich suchst, wenn ich dir nicht ganz verlorengehen soll.

Ist es nicht schön, gesucht zu werden? Aber es hat auch seine Reize, jemanden zu suchen. Und es geht mir dann mit dir so, wie es uns Menschen mit Gott geht: wir suchen ihn dort, wo er gar nicht zu finden ist, dabei befindet er sich gerade dort, wo wir ihn gar nicht suchten. Da gibt es oft ganz merkwürdige Überraschungen.

Aber wichtig bleibt: gebt nicht auf, euch zu suchen. Sonst geht es euch so wie dem kleinen David, der sehr traurig darüber wird, daß sein Freund ihn nicht gesucht hat. Wenn mich mein geliebter Partner nicht mehr sucht, kann er auch nichts finden, nichts an *mir* finden, nichts Gutes an mir finden. Wenn wir zu sagen pflegen: »ich finde dich gut«, dann steckt doch auch hier ein Suchen dahinter: ich habe etwas, was mir an dir gefällt, gesucht, und ich habe es gefunden: ich »finde« nicht nur »etwas« an dir gut, sondern ich finde dich – für mich – gut.

Wenn ich nicht mehr gesucht werde, muß ich das Gefühl bekommen, ich sei uninteressant für dich, du läßt mich links liegen, wirfst kein Auge mehr auf mich, ich bin dir nichts mehr wert, nicht mal mehr eine kleine Suche.

Und so, wie eurer gegenseitiges Suchen und Finden, euer gegenseitiges Interesse für einander und euer neues Entdecken, eure Ehe bereichert, so stellt sich Gott das auch zwischen sich und euch vor. Er möchte, wie jeder Liebhaber, daß ihr nicht nur euch gegenseitig sucht, sondern daß in einem neuen Spiel ihr zusammen *IHN* sucht. Vielleicht macht ihr das mal auf verschiedenen Wegen: der eine geht rechts, der andere links, zwischendurch ruft ihr euch gegenseitig etwas zu, damit ihr euch nicht verliert bei eurer Gott-Suche. Und wie – wenn einer plötzlich dem anderen mitteilen kann: du, ich glaube, ich habe ein Stück von Gott gefunden. Und vielleicht fragt der andere: wie sah dies Stück denn aus? Und du könntest sagen: das sah so ähnlich aus wie du, jedenfalls zum Verlieben.

Wenn Gott die Liebe ist, wie es in der Bibel heißt, dann muß er doch wohl so aussehen wie die liebende Beziehung zwischen zwei Menschen, dann muß er etwas zum Verlieben an sich haben. Vielleicht verbirgt Gott sich so: wenn ihr euch liebt, dann ist in dieser eurer Liebe ein Stück mit von Gott. Den Suchenden ist versprochen: Ihr werdet finden.

Wolfgang Gerlach

Gott ist dabei

Sacharja 2,14

Die Wellen waren Euch gewogen. Und das Schiff war pünktlich. Die Insel in der Ferne, das Meer im Rücken, seid Ihr nach Brunkensen gekommen, um Euch trauen zu lassen. Ein nicht mehr fremder Ort für Dich, lieber Frank, heimatlich für Dich, liebe Karin.

Ihr seid einander nicht mehr fremd; seid miteinander vertraut und bedeutet einander Heimat – auf jener Insel, die nun Eure gemeinsame Heimat ist. Diese Insel, wie ins Meer geworfen. Diese Insel Helgoland, für Euch ein Name der Freundschaft und Gemeinsamkeit.

Wie es angefangen hat für Euch, Ihr wißt es genau. Und wir, die Eltern, Angehörigen und Bekannten, teilnehmend an Eurem Lebensweg, wissen es auch ein gutes Stück: Dein Wunsch, Dich zu verändern, Karin, die Begrenztheit dieses Dorfes, das eingebettet ist in unsere kleinen Berge, sich anlehnt an die Kleinstadt Alfeld, zu verlassen und die Augen aufzumachen und Dir den Wind um die Nase wehen zu lassen. Daß es nun gerade Helgoländer Wind war, das tat gut. Und das ist gut. Und einen weiten Horizont vor sich zu haben, öffnet die Augen und das Herz. Du, lieber Frank, kannst es bestätigen.

Ihr habt Euch schon ein gutes Stück kennengelernt, seid einander nahegekommen, seid miteinander vertraut. Im Vertrauen zueinander zu wachsen und im Glauben einen Halt zu finden, wie Du es ausgedrückt hast, lieber Frank, das hängt zusammen. Darum wollen wir miteinander ein Wort hören, das mit Gemeinsamkeit zu tun hat und mit Freude, auch mit der Freude des Glaubens.

Wir wollen es hören, dieses Bibelwort. Wenn es zu Eurem Herzen spricht, macht es Euch reich. Und wenn Euer Herz anfängt zu sprechen, dann macht es den anderen reich.

Es lautet: »Freue dich und sei fröhlich, denn siehe, ich will bei dir wohnen«.

Vielleicht seid Ihr, liebe Karin und lieber Frank, überrascht, ein Wort zu

hören, das Ihr selber zueinander sagen könntet, das so viel mit der Wirklichkeit, Eurem Alltag in Helgoland zu tun hat, Eurem Miteinander- und Beieinandersein.
Mir ist es fast so, als wenn in diesem Wort für Euch die erste Freude der Begegnung aufleuchtet, als wenn es Euch erinnert an die erste Zeit Eures Kennenlernens und die erste Zeit des Miteinanders.
Aber es ist mehr in diesem Wort als freundliche Erinnerung, die einen Hauch von Nicht-Mehr-Wirklichem umgibt. Es ist mehr als der Helgoländer Sand, den Ihr verspätet aus den Hosenumschlägen klopft. Es steckt Freude an der Gegenwart in diesem Wort, eine intensive und vitale Freude, die auf den anderen zugeht und ihn meint.
Manchmal muß sie sprechen, diese Freude. Manchmal ist sie still, verstehend, verschwiegen; bedarf sie des Wortes nicht; bedient sie sich der Zeichen, eines Händedruckes, eines Augen-Blickes. Und wortlos sagt sie: »Es ist gut, daß du da bist. Ich brauche dich und habe dich nötig. In der Begegnung mit dir erst lerne ich mich kennen. Im Gegenüber wirst du und werde ich zur Person, und im Miteinander kommen wir zur Entfaltung.« Die Sprache der Freude kann sparsam sein, aber sie ist reich. Sie enthält mehr, als Silben sagen können. – An Euch muß ich dabei denken, liebe Karin und lieber Frank, die Ihr Eure eigene Sprache der Freude habt. Die Ihr im Umgang miteinander auch dies erfahren habt, daß manchmal vieles voreinander auszusprechen ist, ehe sich die Sprache der Freude im Miteinander wieder einstellt. Denn in der Verstimmung weicht sie Euch aus. In Zorn und Ärger zieht sie sich erschrocken zurück. Im Einerlei des Alltags verblaßt sie leicht. Aber sie ist zäh, diese Freude. Denn sie ist Ausdruck des Lebens selber.
»Freue dich und sei fröhlich, denn siehe, ich will bei dir wohnen.« Beieinander zu sein, miteinander zu leben, gemeinsam Euren Weg zu gehen, das ist Euer Wunsch; nun fern von den Eltern für Dich, Karin, aber einander nahe und in überschaubarer Welt – wo der Himmel näher ist und weiter zugleich. Ihr habt Euch schon gut kennengelernt, habt schon die Erfahrung gemacht, daß die Maske der Vollkommenheit eine trügerische Maske ist, habt sie fallengelassen und das Gesicht des anderen erkannt; habt schon die Erfahrung gemacht, daß man nicht eine Nummer zu groß vor dem anderen leben kann, habt von Eurer Schwäche gesprochen und das als Eure Stärke erfahren. Diese Sensibilität der ersten Jahre im Ansturm tagtäglicher Gewöhnung sich zu erhalten, die Freude am anderen stärker sein zu lassen als die Summe zahlreicher kleiner Enttäuschungen, das ist Eure Aufgabe als Eheleute.
Fast erschrocken muß ich innehalten. Das ist doch eine Traupredigt, die ich Euch halte. Wo ist Gott denn geblieben – draußen vor der Tür?

Im übrigen ist es doch sein Wort, das er sagt: »Freue dich und sei fröhlich, denn siehe, ich will bei dir wohnen.« Wo ist er denn?
Zuversichtlich möchte ich Euch sagen: Er ist dabei, vom ersten Wort an, schon vor dem ersten Wort. Alles das, was ich gesagt habe, das hat schon mit ihm zu tun.
Die Freude aneinander, die will aus einem tiefen Quell schöpfen. Und dies ist die Tiefe, daß wir Gott das Leben verdanken.
Das Vertrauen zum anderen will sich immer neu nähren. Und Kraft bekommt es davon, daß Gott den Keim zu immer neuem Vertrauen in Euch gepflanzt hat.
Die Liebe zum anderen will ständig wachsen. Und darin ist ihr Wachstum begründet, daß sie in Gottes Liebe wurzelt.
Wo vom Leben gesprochen wird, da ist auch von Gott die Rede. Wo von Intensität und Vitalität gesprochen wird, ist er dabei. Und wo von Schwäche und Versagen gesprochen wird, von Enttäuschung und bisweilen auch von Leere, da zieht er sich nicht zurück.
Ihr, liebe Karin und lieber Frank, sagt zueinander:
»Ich bin froh, daß du da bist.« Und Ihr gebt Gott recht, daß er Euch geschaffen hat.
Ihr sagt: »Ich bin froh, daß ich gerade dich gefunden habe«, und Ihr gebt Gott recht, daß er Euch die Freiheit der Entscheidung gegeben hat.
Ihr sagt: »Du regst mich manchmal auf. Aber ich werde dich schon ertragen«. Und Ihr gebt Gott recht, daß die Geduld eine Kraft der Liebe ist . . .
Die Wellen waren Euch gewogen. Und das Schiff war pünktlich. In Kürze liegt das Festland wieder in der Ferne und die Insel vor Euch, Heimat und vertrauter Ort!
Ich wünsche Euch herzlich, liebe Karin und lieber Frank, daß Ihr dort auf Helgoland dieses Wort zueinander sagen könnt: »Freue dich und sei fröhlich, denn siehe, ich will bei dir wohnen.« Daß es Euch im Alltag der Ehe immer wieder als ein Wort der Freude einfällt. Es ist ein Wort der Freude von dem Gott, der mit Euch auf Eurem Wege ist.

Die Braut ist einige Jahre Kindergottesdiensthelferin gewesen. Auch zu dem Bräutigam entstand durch mehrere Besuche der Brautleute ein herzlicher Kontakt.

Klaus-Dieter Makarowski

Gute Wünsche

Texte aus Jesus Sirach

Gute Wünsche und freundliche Ratschläge werdet Ihr in diesen Tagen mehr als genug bekommen. So ehrlich sie gemeint sind – sie können einen auch ganz schön belasten. Ihr sollt es in Eurer Ehe besser machen als andere. Sollt beweisen, daß das noch geht: Euch lieben und einander treu sein, »bis der Tod euch scheidet«. Ihr sollt Vorbild sein, sollt anderen Mut zur Ehe machen, sollt womöglich stellvertretend an Idealen festhalten, an denen viele insgeheim zweifeln.

In der Tat: Gute Wünsche und freundliche Ratschläge zur Hochzeit haben es in sich. Vor allem, wenn sie ein paar Schuhnummern zu groß geraten. Ihr hättet es gern bescheiden, dafür mit der Hoffnung, realistische Ziele ins Auge zu fassen. So jedenfalls habe ich den Satz verstanden, den Ihr über Eure Hochzeitsanzeige geschrieben habt: »Wir wollen es miteinander versuchen.« Manch einem mag das zu unverbindlich klingen. Nur ein Versuch, mehr nicht? Ich höre etwas anderes heraus: Wir wollen uns gegenseitig nicht überfordern, sondern miteinander herausfinden, was in unserer Beziehung möglich ist. Wir wollen keine großen Worte machen, aber offen sein für neue Erfahrungen. Deshalb ist es kein Widerspruch, wenn Ihr Euch nachher Euer Ja-Wort gebt, »bis der Tod euch scheidet«.

Aber eine Spannung bleibt: nämlich die Spannung zwischen unseren menschlichen Versuchen und den unerschöpflichen Möglichkeiten Gottes, auf die wir mit unserem Ja Bezug nehmen. Die Spannung auch zwischen unseren Versprechungen und den Verheißungen der Bibel, die ja auch nicht einfach aus der Luft gegriffen, sondern von normalen Menschen wie wir aufgeschrieben und von Generation zu Generation weitergegeben worden sind.

Also doch: gute Wünsche? Ja, warum eigentlich nicht? Weil – in Gottes Namen – in unserem Leben immer mehr zu entdecken und auszuprobieren ist, als unsere Erfahrung – oder falsche Bescheidenheit – uns weismachen wollen.

Was also soll ich Euch in diesem Sinne wünschen?

Neun Beispiele von wahrem Glück kann ich aufzählen, aber am meisten preise ich das zehnte: wenn man an seinen Kindern Freude haben kann; wenn man den Sturz seiner Feinde erlebt; wenn ein Mann mit einer verständigen Frau verheiratet ist; wenn Mann und Frau ein besseres Gespann abgeben als Ochse und Esel; wenn einer nie durch seine Worte schuldig wird; wenn man nicht für jemand arbeiten muß, der weniger

kann als man selbst; wenn man einen wirklichen Freund findet; wenn einer beim Reden aufmerksame Zuhörer hat; und wenn einer Weisheit erlangt hat. Dann ist er wahrhaft groß geworden. Aber keiner übertrifft den, der den Herrn ernst nimmt! Ein solcher Mensch ist mit niemand zu vergleichen, denn die Ehrfurcht vor dem Herrn ist größer und wichtiger als alles. (Sirach 25,7–11).
Ihr merkt, ich verstecke mich und meine guten Wünsche für Euch hinter Zitaten. Weil ich weiß, wie wenig Ihr fromme Sprüche liebt, habe ich mich beim alten Sirach (knapp zweihundert Jahre vor Christus) umgesehen. Gute Wünsche und freundliche Ratschläge aus Erfahrung. Ich hoffe, sie machen Euch beim Hören genauso Spaß wie mir beim Lesen und Suchen. Also.
Als erstes wünsche ich Euch, daß Ihr immer Freude aneinander habt und daß sich Eure Neugier aufeinander nicht abnutzt.
Wenn du eine gute und kluge Frau heiraten kannst, dann verpaß nicht die Gelegenheit! Eine liebenswürdige Frau ist wertvoller als Gold. (7,19)
Denn:
Wer eine gute Frau hat, ist ein glücklicher Mann; er lebt doppelt so lange. Eine tüchtige Frau macht ihrem Mann Freude; er wird seine Lebensjahre in Frieden beenden. Eine gute Frau ist ein großes Geschenk; der Herr gibt sie denen, die ihn ernst nehmen. Gleichgültig, ob ein solcher Mann reich oder arm ist, er ist zufrieden, und sein Gesicht ist immer fröhlich. (26,1–4)
Wenn sie dazu noch freundlich und bescheiden redet, gehört ihr Mann zu den wenigen ganz glücklichen Männern. Wer eine solche Frau gewinnt, gewinnt das Beste, das er je bekommen kann: eine Hilfe, wie er sie braucht, und eine feste Stütze. (36,28–29)
Das gilt natürlich – hoffentlich! – auch umgekehrt:
Ein zuverlässiger Freund (und das sollte ein Ehemann ja wohl sein!) *ist wie ein sicherer Zufluchtsort. Wer einen solchen Freund gefunden hat, der hat einen wahren Schatz gefunden. Er ist so wertvoll, daß er mit nichts zu bezahlen ist. Ein zuverlässiger Freund ist ein echtes Heilmittel.* (6,14–16a)
Treue, Verläßlichkeit, Beständigkeit verstehen sich nicht von selbst. Daß sie dennoch möglich sind, das ist wohl die eigentliche Überraschung, die eine Ehe lebendig erhält. Ob sie allerdings gelingt – das hängt zum Glück nicht in erster Linie von unserem guten Willen, von einer gutmütigen Veranlagung oder (auch das soll es geben) von unserer Scheu vor Veränderungen ab. Sondern: *Wer sich an den Herrn hält, der kann auch rechte Freundschaft halten; denn er wird einen Gefährten finden, der zu ihm paßt.* (6,17)
Unter dieser Voraussetzung mag einleuchten, was ich die heitere Aus-

gabe des sonst eher finster klingenden Scheidungsverbots nennen möchte – zugleich eine freundliche Erinnerung daran, daß man möglicherweise auch in einer Ehe (und das heißt: wohl nie ganz ohne Krisen) erst im Lauf der Jahre auf den Geschmack kommt:
Gib keinen alten Freund auf; ein neuer kann ihn dir niemals ersetzen! Mit einem neuen Freund ist es wie mit dem Wein: Erst wenn er alt geworden ist, schmeckt er richtig. (9,10)
Mein zweiter Wunsch ist deshalb, daß Ihr Euch die Bereitschaft und die Fähigkeit bewahrt, einander Eure Freiheit zu lassen und zu gönnen.
Ich vermute nämlich: Die Versuchung, sich unerlaubte Freiheiten zu nehmen, wächst in dem Maß, wie sich Ehepartner mit festgelegten Ansprüchen oder festgefahrenen Gewohnheiten gegenseitig einengen. Also:
Wache nicht eifersüchtig über die Frau in deinen Armen; damit brächtest du sie nur auf böse Gedanken. (9,1)
Überflüssig zu betonen, daß das in umgekehrter Richtung natürlich ebenso gilt.
Aber vielleicht ist »Freiheit« auch eines von den großen, schönen Worten und deshalb vor Mißverständissen nicht geschützt. Ihr hättet es gern eine Nummer kleiner? Gut, dann ergänze ich: Duldet nicht nur die Selbständigkeit des andern, sondern schützt und fördert sie sogar! Das ist erfahrungsgemäß eine gute Art der Vorbeugung gegen Fluchtgedanken.
Solange du lebst, laß niemand Gewalt über dich bekommen, weder Sohn noch Frau (ich ergänze: weder Tochter noch Mann), *weder Bruder noch Freund ... Solange noch ein Hauch von Leben in dir ist, laß keinen Menschen über dich bestimmen!* (33,20a.21)
Es bekommt einer Ehe gut, privat ebenso wie beruflich, wenn jeder einen eigenen Lebens- und Arbeitsbereich hat. Je besser das glückt, desto größer die Chancen gegenseitiger Ergänzung und Bereicherung. Das zu unterstreichen scheint mir angebracht in einer Zeit, wo man gelegentlich zu hören bekommt, daß Frauen, die sich in ihrem Beruf selbst verwirklichen wollten, mit daran schuld seien, daß es so viele Arbeitslose gibt. Auch die Kirchen sprechen immer vernehmlicher davon, daß eine Frau doch eigentlich in die Familie gehöre und ihre Erfüllung, bitte sehr, bei den Kindern und am Kochtopf zu finden habe. Allenfalls in einem kirchlichen Ehrenamt, aber dann natürlich unbezahlt. Hilfreicher als solche Empfehlungen finde ich da Ratschläge wie diesen:
Bei allem, was du tust, behalte die Zügel in deiner Hand; und laß dir deine Ehre nicht nehmen. (33,23)
Selbständigkeit – die Alltagsausgabe der Freiheit – bedarf des ständigen Gesprächs, um nicht in Gleichgültigkeit zu erstarren. Deshalb wünsche ich Euch drittens, daß Euer Gespräch miteinander nicht abreißt.

Unter dieser Voraussetzung benutze ich nun doch das mißverständliche Wort und behaupte: Je mehr verbindende Worte und Gespräche es in Eurer Ehe gibt, desto mehr Freiheit ist dem einzelnen möglich, ohne daß Gefahr besteht, daß jeder mehr oder weniger seine eigenen Wege geht. Das gilt nicht erst im Krisenfall, sondern erst recht in der Alltagsroutine mit ihren unvermeidlichen Reibungspunkten und Belastungen.
Ein Wort kann mehr aufmuntern als eine Gabe, genauso wie der Tau an heißen Tagen Erleichterung schafft. Ja, ein gutes Wort ist wertvoller als ein reiches Geschenk. (18,16–17a)
Eure Ehe ist öffentlicher als manche andere und deshalb beinahe unvermeidlich dem Gerede der Leute ausgesetzt. Laßt sie reden! Denn:
Nur ein Dummkopf macht lieblose Vorwürfe. (18,18a)
Laßt Euch nicht gegeneinander ausspielen, indem Ihr auf jede Vermutung anderer einsteigt oder Euch gar gegenüber Dritten zu rechtfertigen versucht. Besser:
Wenn du ein Gerücht hörst, nimm es mit ins Grab! Hab keine Angst, du wirst nicht davon platzen! Wenn du hörst, dein Freund habe etwas Falsches getan, dann stell ihn deswegen zur Rede! Wenn er es wirklich getan hat, soll er es nicht wieder tun. (19,10+13)
Anders gesagt: Redet miteinander statt übereinander, vor allem dann, wenn Ihr wirklich etwas auf dem Herzen habt.
Zurechtweisung muß zur rechten Zeit geschehen; manchmal ist es klüger zu schweigen. Es ist besser, einen andern zur Rede zu stellen, als den Ärger in sich aufzustauen. Wer sich zu seiner Tat bekennt, dem bleibt Schaden erspart. Wer mit Gewalt das Recht durchsetzen will, gleicht einem Eunuchen, der darauf brennt, ein Mädchen zu verführen. (20,1–4)
Das sind deutliche Worte. Ich verstehe sie so: Wichtiger als Recht zu behalten ist es, miteinander im Gespräch zu bleiben. Das wird nicht immer leicht und selbstverständlich sein. Um so mehr wünsche ich Euch, daß Ihr Euch im Zweifelsfall auf Euer Gefühl verlassen könnt statt auf die Logik der Erfahrungen, die sich ohne Frage auch ansammeln werden.
Bleibe bei dem, was dir dein Herz rät; denn du wirst keinen treueren Ratgeber finden. (37,17)
Das heißt doch wohl: Bleibt einander gegenüber ehrlich, aber haltet zugleich an der Hoffnung fest, daß im geduldigen Gespräch etwas Neues wachsen kann, das Euch gemeinsam weiterbringt.
Genug der Wünsche. Aber auch keine falsche Bescheidenheit! Ihr habt das Recht, voneinander und füreinander mehr zu erwarten und zu erbitten, als durch bisherige Erfahrungen gedeckt ist; mehr sogar, als die Bilder Eurer eigenen Hoffnung vorzeichnen. Ihr könnt offen bleiben, neugierig aufeinander, gesprächsbereit, könnt lernen, liebesfähiger und freier zugleich zu werden. Nehmt nur kräftig und entschlossen genug für

Euch das Versprechen in Anspruch, das alle unsere Wünsche umgreift und überbietet:
Der Herr blickt freundlich auf alle, die ihn lieben. Er ist ihr Beschützer und starker Helfer, ihre Zuflucht bei glühendem Wind, ihr Schatten bei sengender Mittagshitze. Er bewahrt sie davor, zu straucheln und zu stürzen. Er füllt ihr Herz mit Freude und läßt ihre Augen strahlen. Er beschenkt sie mit seinem Segen, mit Gesundheit und Leben. (34,19–20)
In der Tat: Was könnte ich Euch Schöneres und Besseres wünschen?
Gebet:

Nun preist den Gott, dem die Welt gehört,
der überall Gewaltiges vollbringt!
Von Mutterleib an sorgt er für uns,
beschenkt uns mit Glück und Gelingen
und erweist uns täglich sein Erbarmen.
Er fülle unsere Herzen mit Freude
und schenke uns in unserer Zeit den Frieden.
Sein Erbarmen bleibe beständig bei uns
und rette uns unser Leben lang! (50,22–24)
Trauung zweier kirchlicher Mitarbeiter

Wolfhart Koeppen

Von Sorge, Gelassenheit und Vertrauen

Matthäus 6,25.26

Als ich mir für Ihre Trauung Gedanken machte, und zwar hauptsächlich über die Ehe, da fiel mir so manches auf:
Nicht wenige Menschen stecken hinsichtlich der Ehe noch in der Romantik des vorigen Jahrhunderts. Glücklich werden will eigentlich jeder, und mit der Heirat, so meint man, muß sich das Glück schon einstellen. Ein eigener Hausstand, mal Abstand vom Elternhaus, einfach mal das Gefühl haben: Wir zwei sind nur für uns da. Dieses natürliche Verlangen nach Zweisamkeit wird aber leider in Hunderten von Filmen und billigen Liebesromanen als Happy-End, als *die* Erfüllung aller Sehnsüchte verkitscht dargestellt. Das wäre die eine Seite: Ehe, dargestellt als traumhafte, romantische Süßlichkeit.

Auf der anderen Seite wird uns heute vorgemacht, daß Ehe hauptsächlich aus Sex besteht.
Was ist nun Glück in einer Ehe, wie sieht Liebe in einer christlich geführten Ehe aus?
Ich meine, Glück ist etwas Großes, Ganzheitliches und Totales. Man könnte das Glück vielleicht mit der Gesundheit vergleichen. Gesundheit ist auch etwas Totales. Sie umgreift den ganzen Menschen, mit Geist, Körper und Seele.
Und so ist es auch mit dem »Eheglück«. Es fällt nicht als garantierter Besitz in den Schoß. Die meisten müssen dafür etwas tun. So fällt auch das Eheglück nur den wenigsten als garantierter Besitz in den Schoß.
Glück ist eine Aufgabe, die Sie beide aneinander übernehmen sollen.
Aus diesen Überlegungen heraus haben wir in unserem gemeinsamen Traugespräch Ihren Trauspruch gefunden, den Sie sich ausgewählt haben.
Er steht bei Matthäus im 6. Kapitel, Vers 25+26: . . .
Wir müssen uns, liebes Brautpaar, zunächst eimal darüber klarwerden, was Jesus uns in diesem Abschnitt verbietet und was er von uns verlangt.
»Sorget nicht um euer Leben«; Jesus verbietet nicht jede gebotene, kluge Vorsorge, wohl aber, daß wir uns *Sorgen machen.*
Jesus macht sich nicht zum Fürsprecher einer ratlosen, gedankenlosen, unbedachten und leichtsinnigen Haltung dem Leben gegenüber, so nach dem Motto: Ich lebe einfach so dahin, die Gesellschaft und die Sozialfürsorge werden schon für uns sorgen. Er verbietet uns lediglich, daß wir uns *vor* lauter Sorge und Angst aller Lebensfreude selbst berauben.
Sie beide dürfen wissen, daß Sie Ihr Leben Gott verdanken und daß wir dem, der uns das Leben geschenkt hat, auch in kleinen Dingen vertrauen dürfen. Wenn Gott uns das Leben schenkt, dürfen wir auch sicher sein, daß er uns die lebensnotwendige Speise gewähren wird. Wenn Gott uns unsere Körper schenkt, dürfen wir sicher sein, daß er uns Kleidung gewährt.
Wenn uns jemand eine überaus kostbare Gabe schenkt, können wir sicher sein, daß der Gebende nicht gemein, geizig ist und uns vernachlässigen wird, wenn es um wesentlich kleinere Gaben geht.
Das erste Argument lautet also: Wenn Gott uns das Leben schenkt, können wir auch in allem Lebensnotwendigen auf ihn bauen.
Als nächstes spricht Jesus von den Vögeln. Sie machen sich keine unnötigen Sorgen und versuchen keine Vorräte für die ungewisse und unvorhersehbare Zukunft anzulegen, und doch bleiben sie am Leben. Es geht hier nicht darum, daß Jesus etwa behaupten will, die Vögel arbeiten nicht – niemand bemüht sich emsiger um den Lebensunterhalt als die Spatzen, – es geht vielmehr darum, daß sie sich keine *Sorgen* machen.

Im Gegensatz zu den Menschen strengen sie sich nicht an, in die Zukunft zu sehen und sich vor ihr abzusichern.
Jesus lehrt Sie, liebes Brautpaar, hier eine Lebenshaltung: Kluge Vorsorge muß mit heiterer Gelassenheit und Vertrauen zu Gott Hand in Hand gehen.
Für Eure Ehe mag das bedeuten, immer wieder einander vergebend zu tragen, weil Gott Euch trägt, und immer wieder füreinander wirklich offen zu sein.
Ein Beispiel: Sie haben sich so richtig gezankt, und einer von beiden bringt den Mut auf zu einem bereinigenden Gespräch, dann sorgt er im Sinne Jesu sich um seinen geliebten Partner und um die gemeinsame Ehe.
Und Sie werden feststellen, wie erleichtert Sie sind: alles ausgesprochen, was Sie vielleicht Wochen, Monate oder sogar Jahre mit sich herumgeschleppt haben. Welch ein Aufatmen!
Wenn Sie, liebes Brautpaar, immer wieder den Mut zum offenen Gespräch aufbringen, dann erfüllen Sie das, was Ihnen Jesus auf Ihren gemeinsamen Lebensweg, der in die Einsamkeit der italienischen Berge geht, mitgeben will:
Die kluge Vorsorge für die Ehe und Familie verbunden mit einer heiteren Gelassenheit und Vertrauen zu Gott, der Ihnen das Leben geschenkt hat und der gemeinsam mit Ihnen Ihren Lebensweg gehen will.
Ich wünsche Ihnen beiden mit Ihrem kleinen Sohn das von Herzen, daß es Ihnen immer wieder gelingt: kluge Vorsorge für das Leben mit heiterer Gelassenheit und Vertrauen zu Gott miteinander zu verbinden.

Junge Ehefrau, Hausfrau. Ehemann, Sohn eines bekannten Theologieprofessors. Brach Studium ab. Lebte eine Zeit lang von der Sozialhilfe. Jetziger Beruf Taxifahrer. Beide leben seit fünf Jahren zusammen. Kleiner Sohn 4 Jahre alt. Nach der Hochzeit wandert die Familie nach Italien in die Berge aus, wo sie auf einem Bauernhof alternativ leben wollen. Der Trautext wurde ausdrücklich vom Brautpaar gewünscht. Gleich im Anschluß an die Trauung wurde der 4jährige Sohn getauft.

Heinz-Martin Dormann

Gott im Alltag der Ehe

Matthäus 28,20b

Das ist ein ungewöhnlicher Trauspruch, den Ihr Euch gewählt habt, aber keineswegs ein unpassender. Denn er macht Mut. Und den braucht jeder, der sich heutzutage zum Heiraten entschließt. Erst gestern sagte jemand: »Ich versteh' die Leute nicht!«, als ich Eure Hochzeit erwähnte. Wenn man einmal nachfragt, was daran so unverständlich ist, kommen gewöhnlich zwei Gesichtspunkte zum Vorschein:
Entweder die Angst vor dem Verlust der Freiheit, sich auf unterschiedliche Partner einlassen zu können; oder die Angst vor den inneren und äußeren Risiken einer Ehe, die niemand kalkulieren kann. Was die Angst vor dem Verlust der Freiheit betrifft, seine Partner wechseln zu können, so stellt sie in vielen Fällen nichts anderes dar als die Kehrseite der Unfähigkeit, eine echte Bindung einzugehen und eine menschliche Beziehung aufzubauen, die diesen Namen verdient. Das ist doch eine der gefährlichsten Krankheiten in unserer Gesellschaft, daß wir uns angewöhnt haben, einander nur noch unter dem Gesichtspunkt des Nutzens – und das heißt: des *Be*nutzens und des *Aus*nutzens – zu betrachten. Wo Männer und Frauen einander nur noch nach dem Maßstab des Aussehens, des Körperbaus und des vermutlichen Gewinns an Geld oder Vergnügen abtaxieren, da gehen sie miteinander um nach den Maßstäben der Wegwerfgesellschaft: Entspricht der Nutzen nicht der Erwartung, wird der andere ausrangiert wie ein Möbelstück für den Sperrmüll. Die Bindungslosigkeit, die daraus entsteht, macht Menschen krank und kaputt, zerstört sie seelisch und manchmal auch körperlich, denn oft drückt die Seele ihre Leiden auf dem Umweg über körperliche Erkrankungen aus.
Und was das andere Argument gegen das Heiraten betrifft, nämlich die inneren und äußeren Risiken der Ehe, die niemand kalkulieren kann: Nun, deswegen seid Ihr ja u. a. hier. Denn riskant war es schon immer, sich so total und bedingungslos einem anderen Menschen anzuvertrauen, wie das zwischen Eheleuten der Fall ist. Es ist allerdings wahr, daß sich die Risiken im Vergleich zu früher gesteigert haben. Dafür gibt es eine Menge Gründe.
Da ist z. B. die gestiegene Lebenserwartung. Wenn früher ein Ehepaar eingewilligt hat, zusammenzubleiben, »bis daß der Tod Euch scheidet«, so bedeutete das im Durchschnitt keine zwanzig Jahre, oft sogar noch weniger, vor allem weil die Frauen häufig bei der Geburt ihrer Kinder starben. Deshalb schließt Euer heutiges Ja zu dieser Absicht ein sehr viel

höheres Risiko ein, weil es aller Voraussicht nach eine sehr viel längere Strecke beinhaltet, auf der sich sehr viel mehr ereignen kann und wird.
Ein weiterer Risikofaktor besteht darin, daß ein Ehepaar heutzutage längst nicht mehr so stabil wie früher eingebettet ist in den tragfähigen Rahmen einer Großfamilie oder Sippe. Solange das der Fall war, konnten die entstehenden Belastungen, gleich welcher Art, viel besser aufgefangen werden. Heute schlagen sie voll durch auf einen Kleinstverband, der im Durchschnitt nur noch aus zwei Generationen besteht, nämlich dem Ehepaar selbst und seinen Kindern, und dieser Kleinstverband ist hoch belastet, besonders wenn beide Partner arbeiten. Da fällt es viel schwerer, praktisch-organisatorisch ebenso wie menschlich-gefühlsmäßig, alles das aufzufangen und zu verarbeiten, was auf einen zukommt.
Drittens – und das ist kein geringer Unsicherheitsfaktor – erleben wir gegenwärtig eine der tiefgreifendsten Veränderungen unserer Geschichte: die Veränderungen des Verhältnisses zwischen Männern und Frauen insgesamt. Jahrtausendelang, so kann man schon sagen, war dieses Verhältnis bestimmt von der Vorherrschaft der Männer, mit allen Folgen, die das in sämtlichen Lebensbereichen nach sich gezogen hat. Es würde zu weit führen, diese Folgen hier in allen Einzelheiten zu beschreiben, aber eines ist klar: Es bedeutete eine weitgehende Unterdrückung der Frauen und eine entsprechende Unterbewertung weiblicher Fähigkeiten und Möglichkeiten. Daraus erwuchs eine Rollen- und Aufgabenverteilung zwischen Männern und Frauen, die sich nun endlich langsam zu verändern beginnt. Das aber hat Auswirkungen auf die künftige Gestalt der Ehe, die im Augenblick keiner von uns überblicken kann. Denn daß die Ehe in die Krise geraten ist und, wie erwähnt, viele Zeitgenossen nicht mehr verstehen, wieso man unter solchen Voraussetzungen überhaupt noch heiraten kann, hängt natürlich auch damit zusammen, daß die alte Ehe ganz im Zeichen der Vorherrschaft des Mannes stand. Und – das muß der Ehrlichkeit halber hinzugefügt werden – die Kirche, die ja gleichfalls über Jahrhunderte in ihrer Priesterschaft eine reine Männerherrschaft darstellte, hat ihr Teil dazu beigetragen, dieses alte Ehebild zu bestätigen und zu verfestigen. In diesem Sinne kommt auf Euch eine gewaltige Aufgabe zu: nämlich für Eure eigene Ehe neu zu definieren und zu verwirklichen, wie die Rollen zwischen Euch verteilt sein sollen und wie Eure Partnerschaft beschaffen sein soll.
Viertens und letztens steht Eure Heirat im Schatten der allgemeinen Grundlagenkrise, die unsere Welt insgesamt bedroht und die sicher auch das Resultat eines allzu männlichen, d. h. zerstörerischen Umgangs mit dem Leben in allen seinen Gestalten zu tun hat. Ob die Tage unserer Welt schon gezählt sind oder nicht, auch das vermag im Augenblick niemand zu sagen.

Das aber wird jeder der hier Anwesenden merken: Was es angesichts dieser Lage bedeutet, wenn sich ein junges Ehepaar, das sich zur Heirat entschlossen hat, als seinen Trauspruch das Wort wählt: »Siehe, ich bin bei euch alle Tage bis an der Welt Ende«.

Der »Ich«, der das sagt, ist Jesus von Nazareth, und er hat sich mit diesen Worten nach der Darstellung des Matthäusvangeliums von seinen Jüngern verabschiedet. Bestimmt war denen recht blümerant zumute bei der Vorstellung, wie sie künftig ohne ihren Herrn und Meister zurechtkommen sollten, und genau darauf hat er mit diesem Satz geantwortet. Immerhin hatten sie in ihm den Maßstab gefunden, an dem sie messen konnten, was menschliches Leben im vollen und eigentlichen Sinne des Wortes bedeutet. An ihm hatten sie die Orientierung für ihr eigenes Leben und Handeln gefunden.

Die Frage für die Jünger damals wie für Euch beide heute ist die gleiche: Wie verwirklicht sich diese Zusage? Wie soll das möglich sein, daß Jesus bei uns ist bis an der Welt Ende?

Darauf gibt es zwei Antworten.

Erstens: »Gott ist nahe, wo die Menschen einander Liebe zeigen«. Das ist ein Satz von Pestalozzi, und er beantwortet die Frage in einem grundlegenden Sinn. Einander zu lieben entspricht der Wesensart Gottes. Denn Gott ist Liebe, wie Johannes sagt, und wo zwei Menschen sich lieben, da ist Gott nahe. Darum: Solange Ihr Euch liebt, solange gilt die Zusage seiner Gegenwart. *Daß* Gott Liebe ist, und nicht etwa der griesgrämige Aufpasser, für den ihn manche immer noch halten, das haben die Christen am Beispiel Jesu begriffen, in dem für sie Gott gegenwärtig war. Darum gilt zweitens: Er wird in dem Maße bei uns sein, als es uns gelingt, bei ihm zu sein, d. h. in seinem Sinne zu leben und zu handeln. Auf die Ehe angewandt heißt das zunächst einmal, sie überhaupt als etwas zu betrachten, das mit dem eigenen Glauben zu tun hat – sie gewissermaßen als eine Hausaufgabe aufzufassen, die einem von Gott selber gestellt wird und an der sich alles bewähren kann und muß, was Paulus in dem Abschnitt aufzählt (Kol. 3,12–15), den ich im Anschluß an die Traupredigt vorlesen werde.

Im Sinne Jesu miteinander umzugehen heißt auch, der Person des anderen zur Entfaltung zu verhelfen. Er ist bei uns, sofern und soweit wir einander behilflich sind, den Anlagen und Möglichkeiten zur Entfaltung zu verhelfen, die in jedem von uns als Keime verborgen sind und darauf warten, zum Leben erweckt zu werden und sich entwickeln zu können. Denn so sehen wir Jesus von Nazareth sein Leben lang mit anderen Menschen umgehen: immer bestrebt, die Beschädigungen zu beseitigen, die Hemmungen zu überwinden, die Hindernisse abzubauen, die der vollen Entfaltung eines Menschen im Wege stehen – seien es gesund-

heitliche oder seelische, soziale oder religiöse Barrieren. Die Ehe, und da haben skeptische Beobachter recht, kann nämlich auch dazu führen, daß die Ehepartner ihrer Entwicklung Abbruch tun und sich gegenseitig hindern, dann nämlich, wenn sie erwarten, daß der andere sich genauso verhält, wie es ihren eigenen Vorstellungen und Bedürfnissen entspricht. Das wäre nicht im Sinne Jesu und entspräche keineswegs seinen Absichten, und wo das geschieht, da ist nicht damit zu rechnen, daß er dabei ist, und schon gar nicht »alle Tage«.
Was sich daraus für Euren Alltag ergibt, ist klar. Wenn Ihr wollt, daß sich die Zusage Jesu erfüllt, dann wird es nötig sein, sich immer wieder neu an ihm zu orientieren und Euch zu fragen, was denn in dieser oder jener Situation seinem Willen entspricht und seinem Geist Rechnung trägt. Diese Orientierung kann auf unterschiedliche Weise erfolgen: indem Ihr Euch als Gemeindeglieder im Umkreis der Menschen aufhaltet, die sich gemeinsam um ein zeitgemäßes Verständnis des Evangeliums bemühen; indem Ihr auf eigene Faust dieses Evangelium lest und erprobt, zu welchem Zweck Euch die Gemeinde eine Bibel schenkt; oder, ganz persönlich und direkt, indem Ihr Euch im Gebet an ihn wendet und Euch damit auf die Grundlagen Eures Glaubens bezieht. Denn das ist in der Tat eine durch nichts zu ersetzende Basis für eine Ehe: wenn sich die Eheleute vereint und getragen wissen durch einen gemeinsamen Glauben, den sie miteinander teilen und der sie miteinander verbindet über Tag und Stunde hinaus.
Wo dies der Fall ist, da dürfen die Beteiligten damit rechnen, daß Gott auch in ihrem Alltag gegenwärtig ist, nicht nur in den feierlichen Augenblicken wie Trauung oder Taufe oder am Heiligen Abend. Freilich, eines bleibt notwendig, und darauf möchte ich zum Abschluß hinweisen: »Und siehe«, leitet Jesus seine Ermutigung ein. Das heißt: Man muß seine Augen offenhalten, um Gott im Alltag seiner Ehe zu entdecken; man muß empfindlich bleiben für die entscheidenden Augenblicke, in denen es darauf ankommt, seinen Glauben zu bewähren und im Sinne Jesu zu reden und zu handeln.
Daß Euch das gelingt, daß Ihr Gott alle Tage, also im All-Tag Eurer Ehe, immer wieder neu entdeckt und daß Ihr daraus die Kraft und die Zuversicht gewinnt, mutig und getrost in Eure Ehe hineinzugehen, allen Risiken zum Trotz, in Liebe vereint, das ist unser Wunsch und unser Gebet für Euch am heutigen Tage und darüber hinaus.

Geschrieben und gehalten für ein junges Paar aus meiner Gemeinde, beide unter 25, er Postbeamter, sie Steuerfachgehilfin, beide aus religiösen Elternhäusern, sie durch den frühen Tod ihrer Mutter genötigt, diese Rolle bei ihren jüngeren Geschwistern zu übernehmen, daher außerordentlich praktisch und selbständig.

Jochen Rieß

Liebe trägt die Ehe

Lukas 10,38–42 u. 9.61.62

Frau und Herr K., Sie haben sich kennengelernt, Sie haben sich lieben gelernt, Sie haben miteinander über Ihre Gefühle und Ihre Gedanken gesprochen und Sie haben festgestellt, daß Sie zueinander passen. Sie wollen zusammenleben, weil Sie sich lieben. Ich bin mir sicher, wenn Sie jemand fragen würde, warum Sie zusammenleben wollen, dann würden Sie antworten: »Weil wir uns lieben.« Ich denke, daß das das Entscheidende ist: Ihre Liebe zueinander. Früher haben Menschen oft nicht aus Liebe geheiratet, sondern sind aus wirtschaftlichen Gründen verheiratet worden. Heute sind in der Regel Gefühle die Grundlage einer Lebensgemeinschaft. Ich wünsche Ihnen, daß Ihre Liebe sich in Ihrer Ehe bewährt. Denn: Nicht die Ehe trägt Ihre Liebe, sondern Ihre Liebe wird Ihre Ehe tragen. Sie werden Ihre Ehe nach Ihren Vorstellungen führen. Aber was erwarten Sie von Ihrer Ehe, was erhoffen Sie sich, was wünschen Christen sich für das Zusammenleben von Mann und Frau? Ich möchte Ihnen eine Geschichte erzählen, in der deutlich wird, was für das Zusammenleben von Mann und Frau wichtig ist.
In einem Land haben nur die Männer zu bestimmen. Frauen dürfen nicht mitreden, wenn Männer sich unterhalten. Sie sind allein für die Küche und die Erziehung der Kinder verantwortlich.
›Das muß aber lange her sein‹, werden Sie denken, heute leben Mann und Frau doch partnerschaftlich zusammen, Männer schieben Kinderwagen, können kochen und helfen ihren Frauen bei der Hausarbeit. Gleichwohl fällt es Männern auch heute noch schwer, anzuerkennen, daß Frauen ihre eigenen Rechte, Wünsche und Bedürfnisse haben.
Ein Beispiel: In unserer Gemeinde gibt es eine Frauen-Kind-Gruppe, in der sich Mütter mit kleinen Kindern treffen, die noch nicht im Kindergartenalter sind. Frauen, die vorher berufstätig waren, fühlen sich oft einsam und isoliert, wenn sie Kinder bekommen und ›nur‹ noch zu Hause sind. Sie sind darauf angewiesen, daß sie mit Frauen in der gleichen Lage über ihre Gefühle, Wünsche und Bedürfnisse reden können. Als diese Frauen sich auch regelmäßig einmal im Monat ohne Kinder abends treffen wollten, sagte ein Mann, der dadurch verunsichert war: »Und wer bringt die Kinder ins Bett und paßt auf sie auf?«, und obwohl er sich vorher nicht stark für die Frauen-Kind-Gruppe interessiert hatte, jetzt wollte er genau wissen, was für Frauen sich dort treffen, worüber sie sich unterhalten. Partnerschaftlich miteinander leben, das ist oft ein schmerzlicher Lebensprozeß, besonders für den Mann.

Lieber Herr K., stellen Sie sich vor, Sie sind in diesem Land, in dem nur die Männer das Sagen haben, in ein Haus eingeladen. Zwei Schwestern gehört das Haus. Die eine Schwester geht in die Küche und kocht für sie ein gutes Essen, die andere setzt sich zu Ihnen und unterhält sich mit Ihnen. Nach einiger Zeit kommt die eine Schwester zu Ihnen und sagt: »Ich habe in der Küche sehr viel Arbeit, sagen Sie doch meiner Schwester, sie soll mir helfen.« Was werden Sie antworten? Werden Sie denken, das sollen doch die Schwestern untereinander ausmachen, warum fragt sie mich und nicht ihre Schwester? Eigentlich hat sie ja recht, es ist ungerecht, daß sie allein in der Küche arbeitet. Oder werden Sie sagen: »Entschuldigen Sie, wir waren so in das Gespräch vertieft, aber wir können doch gemeinsam in die Küche gehen und zusammen kochen. Dabei können wir uns dann auch unterhalten.«
Vielleicht haben Sie diese Geschichte erkannt. Es ist eine Jesus-Geschichte, die in der Bibel erzählt wird. Jesus antwortet der Schwester Marta, die in der Küche arbeitet: »Marta, Marta, Du sorgst und mühst Dich um so viele Dinge, aber nur eins ist notwendig. Maria hat das Bessere gewählt, und das soll ihr nicht genommen werden.« – Ich muß gestehen, daß es mir sympathischer wäre, Jesus wäre mit in die Küche gegangen und hätte geholfen, aber er antwortet so, weil er für die Rechte der Frau eintreten will in einer Zeit, in der die Frau vom Mann unterdrückt wurde. Das für seine Zeit anstößige und skandalöse Verhalten Jesu paßt so gar nicht zu dem bei Trauungen oft vorgelesenen Wort des Apostels Paulus: »Die Frauen seien untertan ihren Männern als dem Herrn Christus. Denn der Mann ist des Weibes Haupt, gleich wie auch Christus das Haupt ist der Gemeinde.« Da paßt viel eher zum Leben Jesu die Geschichte, die mir die Mutter einer Braut erzählt hat, die in Berlin groß geworden ist. In Berlin war es eine Tradition, die von Frau zu Frau weitergegeben wurde, daß bei Trauungen, wenn der Pfarrer das Wort des Paulus vorlas: »Ihr Frauen seid untertan euren Männern«, die Frau ganz schnell und heimlich ihren Fuß über den des Mannes stellte, und damit war dann dieses Wort ungültig.
Ich wünsche Ihnen, daß Sie in Ihrer Lebensgemeinschaft versuchen, partnerschaftlich im Sinne Jesu miteinander zu leben. Dazu gehört, daß Sie sich sagen: »Ich liebe Dich – auch wegen deiner Schwächen. Deine Schwächen machen Dich menschlich.« Im Beruf und im Alltagsleben ist es in der Regel so, daß Menschen ihre Schwächen verbergen müssen, sie machen sie angreifbar und verletzlich. Aber in einer Lebensgemeinschaft kann ich den Partner da aufsuchen, wo er ist, und nicht da, wo ich ihn haben möchte. Ich muß ihn nicht so zurechtbiegen, wie ich ihn haben möchte, obwohl das in der Ehe zunächst geschieht. Ich weiß, daß es einem Mann schwerfällt, über seine Schwächen und Gefühle zu spre-

chen, Männer werden bis heute anders erzogen als Frauen (»Ein Junge weint doch nicht«), oder wie eine Frau, die über 20 Jahre verheiratet ist, erzählte: »Mein Mann spielt nach außen in der Familie die Rolle des starken, autoritätsbewußten Mannes, inwendig sieht es bei ihm ganz anders aus.« Ich habe in meiner Ehe gelernt, daß es wichtig ist, die eigenen Gefühle und Schwächen wichtig zu nehmen, mit ihnen umzugehen und mit der Frau darüber zu sprechen, dazu brauchen wir Männer die Hilfe und Unterstützung der Frauen. Jesus war ein Mann, der die weibliche Seite seines Wesens lebte. Von ihm wird erzählt, daß er geweint hat, daß Frauen zu seinen Jüngern gehörten, daß nicht Leistung, Stark-Sein, Erfolg, Geld und Macht für sein Leben entscheidend waren, sondern schwach zu sein mit den Schwachen und Menschen, die leiden, so anzunehmen, wie sie sind. Er ist nicht der strahlende Sieger und Held, sondern der Mann, der an der Seite der Schwachen ausharrte – auch in Krisen, in den Schwierigkeiten und Leiden des Alltags.
Erwartet nicht jeder von der Ehe eine dauernde und verläßliche Beziehung: einen Menschen, dem ich vertrauen kann und von dem ich weiß, daß er auch mir vertraut, bei dem ich geborgen und angenommen bin und von dem ich verstanden werde, einen Menschen, mit dem ich über alles offen reden kann, einen Menschen, von dem ich weiß, daß er mich nicht im Stich läßt? Manchmal sind die Erwartungen an eine Ehe sehr hoch. Ich habe in meiner Ehe gelernt, daß Menschen sich nicht überfordern dürfen und auch über die enttäuschten Erwartungen reden müssen. Manchmal bin ich überrascht, ja bestürzt, welche hohen Erwartungen Jesus an Menschen stellen konnte. Ein Mann, der mit ihm befreundet sein und ihm nachfolgen will, sagt zu ihm: »Ich will ja gerne mitkommen, aber laß mich erst noch von meiner Familie Abschied nehmen.« Ist das nicht selbstverständlich, daß ein Mann, der seine Frau und seine Kinder liebt, der eine Entscheidung treffen will, die das Zusammenleben mit Frau und Kindern grundlegend ändert, daß dieser Mann mit seiner Frau und seinen Kindern darüber spricht, und zwar nicht nur dann, wenn der Entschluß feststeht, sondern vorher und gemeinsam mit ihnen überlegt und entscheidet? Jesus antwortet diesem Mann: »Wer seine Hand an den Pflug legt und zurückschaut, den kann Gott nicht gebrauchen, wenn er sein Werk vollendet.«
Ich glaube nicht, daß Jesus diesen Mann auffordert, das Zusammenleben mit seiner Frau geringzuschätzen und für unwichtig zu halten. Vielleicht erinnert uns diese Antwort Jesu daran, daß das Zusammenleben, die Ehe und Lebensgemeinschaft nicht ihren Sinn in sich selbst findet, daß Menschen in ihrer Liebe sich nicht abkapseln können von anderen Liebenden, daß sie eine gemeinsame Aufgabe haben oder suchen. Einen Menschen lieben heißt dann nicht nur, ihn ansehen, sondern gemeinsam

auf etwas Drittes sehen: darauf, daß wir unsere Verantwortung für unsere Mitwelt entdecken und alles, was in unseren Kräften steht, tun, damit wir und unsere Kinder in einer menschenwürdigen Welt leben können. Lieben heißt, nicht nur einander ansehen, sondern gemeinsam auf etwas Drittes sehen: darauf, daß wir nicht nur im vertrauten Kreis füreinander da sind, sondern offen sind für alle Menschen, die uns begegnen und uns brauchen.
Für Ihr Zusammenleben wünsche ich Ihnen, Frau und Herr K.:
Jeder von Ihnen möge es glauben und dem anderen auch sagen: Mit Dir möchte ich alt werden.
Jeder von Ihnen möge sagen und hoffen:
Bleibe mir ein bißchen fremd, damit ich noch überrascht werden kann, Neues und Veränderung erlebe.
Jeder von Ihnen möge sagen:
Ich möchte mit Dir gemeinsam etwas tun für unser und unser Kinder Überleben in dieser Welt.
Jeder von Ihnen möge sich wünschen, daß er lustvoll lieben und streiten kann.
Jeder von Ihnen möge mit seinen Enttäuschungen leben und mit dem anderen darüber reden.
Sie können erleben, daß Sie so geliebt und angenommen werden, wie Sie sind.

Rolf Heinrich

Wer ist mein Nächster?

Lukas 10,25 ff.

Die Geschichte, welche ich gerade gelesen habe, scheint aufs erste nicht zu Eurer Hochzeit zu passen.
Die Frage, wer denn hier unter die Räuber gefallen ist und wem wer als barmherziger Samariter beisteht, ist ja wohl auch ziemlich unzutreffend.
Sehr viel wichtiger ist nun allerdings die Frage, auf welche die Geschichte Jesu antwortet:
Wer ist mein Nächster?
Ein Schriftgelehrter, so wird erzählt, war zu Jesus gekommen, weil er darüber Bescheid erhalten wollte.

Zu seiner Zeit war dies ein großes Problem. Bereits das Alte Testament hatte nämlich geboten, den Nächsten zu lieben wie sich selbst.
Damals waren die Verhältnisse allerdings noch eindeutig. Nächster wurde jeder genannt, der in der Nähe lebte, also der Volksgenosse ebenso wie der im Land wohnende Fremde.
Zur Zeit Jesu waren nun viele Ausländer nach Palästina gekommen: Römer, Syrer, Griechen.
Wer von denen als Nächster zu gelten habe, war unklar.
Darüber wurde viel nachgedacht.
Einige meinten, ein solcher Ehrentitel käme nur den Juden zu und denjenigen unter den Ausländern, welche dem jüdischen Glauben nahe standen.
Andere behaupteten sogar, das Liebesgebot gelte bloß für die Frommen. Alle übrigen seien davon ausgeschlossen. Hinter dieser Diskussion stand die unausgesprochene Frage: Was kann man eigentlich von mir verlangen? Wann muß ich mich auf den anderen einstellen, ihm helfen, ihm entgegenkommen – und wann darf ich es bleiben lassen?
An dieser Stelle berührt sich die biblische Geschichte ganz eng mit Eurem gemeinsamen Leben.
Selbst zwischen Menschen, die sich sehr lieben, herrscht nicht immer schönes Wetter.
Es kann vorkommen, daß der eine eines Tages sagt: »Warum denn gerade ich? Jetzt soll der andere mal den ersten Schritt tun. Ich denke gar nicht daran, ihm ständig entgegenzukommen.«
Es ist ebenfalls möglich, daß einer dem anderen seine Ansprüche entgegenhält.
Sehr oft gerät damit die Fähigkeit, zu hören und sich wirklich mitzuteilen, ans Ende.
Manche Beziehung ist schon daran zugrunde gegangen, daß sich zwischen die Beteiligten eine Wand von Anforderungen und Enttäuschungen schob, die jede lebendige Kommunikation unterband.
In der Antwort, die Jesus in seinem Gleichnis gibt, dreht er nun das gängige Schema um.
Nicht das ist die Frage, sagt er, wie die Menschen in deiner Umgebung beschaffen sein müssen, damit sie den Ehrennamen Mitmensch verdienen.
Die Frage lautet vielmehr, ob du selbst fähig bist, ihnen immer wieder zum Nächsten zu werden.
Während wir so gerne von uns her urteilen, unsere Wünsche und unsere Vorstellungen zur Norm machen, lehrt uns Jesus, von dem her zu denken, was der andere braucht.
Und während wir immer wieder dazu neigen, Grenzen zu ziehen und

Schranken aufzurichten, jenseits derer dann einige abgeschrieben werden dürfen, will er uns zu der Einsicht bringen, daß sich Beziehungen nicht erst dann verändern, wenn der andere anders geworden ist. Dies geschieht vielmehr schon in dem Augenblick, in welchem wir ihm anders begegnen.

Nun heiratet man ja nicht jeden Beliebigen. Darum seid Ihr für einander noch etwas ganz anderes als irgendeiner unter den Mitmenschen.

Dennoch bin ich davon überzeugt, daß auch die Beziehung zwischen Ehepartnern davon lebt, daß beide in einem solchen Geist miteinander umgehen. Daß sie also nicht mit ihren Forderungen beginnen, sondern mit dem, was der Partner nötig hat. Daß sie auch nicht darauf warten, ob der andere sich wandelt, daß sie vielmehr bei sich selbst anfangen.

II

In Eurem Hochzeitstext ist allerdings noch von etwas zweitem die Rede. Auch dies hat für Eure Gemeinsamkeit Bedeutung.

Menschen, so wird hier erzählt, gehen ihren Weg. Sie haben ihre Aufgaben und ihr Ziel.

Doch plötzlich werden sie gestört. Es liegt einer am Rande, der sie braucht.

Was damals geschah, kommt auch heute noch vor.

Keiner von uns lebt nämlich auf jener berühmten Insel der Seligen. Selbst ein jungverheiratetes Paar nicht.

Wer wach bleibt, wer sich nicht einfach vor der zudringlichen Welt in das traute Glück zu zweit zurückzieht, der entdeckt binnen kurzem, daß auch das gemeinsame Leben von Problemen umgeben ist.

Da ist einmal die Situation unserer Welt. Da sind Kriege. Da ist Feindschaft zwischen Völkern und Volksgruppen. Da ist das Elend, welches daraus entsteht. Da sind Hunger, Unrecht und die Mühe, daran auch nur ein wenig zu ändern. Zum anderen sind da die Schwierigkeiten Eures Berufes, das Leid, welches dort sichtbar wird, Erlebnisse mit Menschen, die sich nicht so einfach abschütteln lassen. Da sind die Freunde, mit denen Ihr lebt und deren Sorgen ihr teilen sollt.

Da sind aber auch die vielen Unbekannten, die Euch einfach so über den Weg laufen und die Euch brauchen.

Dies alles kann nicht nur den einzelnen, sondern auch die Gemeinsamkeit belasten. Es ist möglich, daß der eine vom anderen mit einemmal denkt, er würde sich zuviel um Außenstehende kümmern und nicht mehr um ihn. Es kann ebenfalls geschehen, daß Euch beiden die Lasten, welche Ihr mittragen sollt, so schwer zu schaffen machen, daß Euch nur noch wenig Zeit und Kraft für einander bleibt.

Nun hat Saint-Exupéry einmal geschrieben, Liebe bestünde nicht darin,

daß man sich gegenseitig in die Augen schaut, sondern darin, daß man gemeinsam in die gleiche Richtung blickt.
Das ist sicherlich ein bißchen übertrieben. Zur Liebe gehört ja auch, daß man den anderen gerne sieht.
Richtig ist aber zweifellos dies, daß es nicht bloß belastet, sondern auch zusammenbindet, wenn man sich miteinander den Aufgaben zuwendet, welche die Umgebung stellt. Wo das aber gelingt, daß Ihr miteinander für das offenbleibt, was um Euch geschieht, wo Ihr gemeinsam für die Menschen daseid, die jemanden nötig haben, der mit ihnen redet, die Wärme brauchen oder einen Ort, an dem sie aufatmen dürfen, kann es zugleich geschehen, daß Eure Liebe davor bewahrt wird, eingeengt und damit muffig und langweilig zu werden. Sie kann einen weiten Horizont erhalten.

III

So richtig dies nun aber alles ist. Eine Frage bleibt. Eine wesentliche sogar.
Wer ist dazu imstande? Wer vermag es, ganz vom Mitmenschen her zu denken? Wer kann eigentlich in jedem Augenblick seinem Gegenüber so begegnen, wie er wünscht, daß dieses ihm entgegentritt?
Wer schafft es, für andere offen zu sein, ohne sich gestört zu fühlen und ihre Probleme mitzutragen, ohne die Angst, selbst zu kurz zu kommen?
Liegen uns die anderen Verhaltensweisen, von denen die Geschichte redet, nicht bedeutend näher? Daß wir also entweder wie die Straßenräuber gewalttätig werden, daß wir uns durchboxen, wenn einer im Wege steht, und eher zurückschlagen als einstecken?
Oder daß wir, wie der Priester und der Levit, den Schwierigkeiten ausweichen? Daß wir Ärger und Groll unter den Teppich kehren, nur damit der liebe Friede gewahrt bleibt? Ein Friede, der dann allerdings kein lieber, sondern ein fauler Friede ist?
Noch einmal – wer kann das, so handeln wie der barmherzige Samariter? Und wer ist dazu nicht nur in besonderen Augenblicken, sondern immer imstande?
Der einzige, der es wirklich geschafft hat, ist der, welcher unsere Geschichte erzählt, Jesus selbst.
Das ist nun aber das Wichtigste, das ich Euch zum Hochzeitstag zu sagen habe: In dem, was Jesus sagte, tat und war, sollte sichtbar werden, wie Gott zu uns steht. Er ist kein strafendes Gesetz, kein ehernes Schicksal, sondern Liebe. Er wendet sich uns Menschen zu. Er ermöglicht uns, immer neu mit ihm anzufangen.
So, wie wir einander begegnen sollen, tritt er zunächst uns selbst entgegen.

Mit dieser Voraussetzung darf Euer gemeinsames Leben beginnen. Ihr seid nicht allein gelassen. Ihr seid auch nicht nur auf Eure Kraft angewiesen – weder auf die des Verstehens noch auf die des Verzeihens.
Was die Geschichte vom barmherzigen Samariter verlangt, wird Euch zuvor einmal selbst geschenkt.
Ihr dürft versagen und dennoch neu anfangen. Einfach deshalb, weil Er versteht und weil Er trägt.
Da das gleiche aber für Euren Ehepartner zutrifft, müssen in Eurer Gemeinsamkeit nicht die Forderungen regieren.
Ihr braucht lediglich an das zu denken, was von Gott her schon längst für Euch beide gilt.
So wünsche ich Euch, daß Ihr offen bleibt für einander und offen für die Aufgaben, die sich Euch stellen. Noch mehr aber wünsche ich Euch, daß Ihr immer neu die Liebe Gottes in Eurem Leben erfahrt, damit Ihr nicht als Überforderte leben müßt, sondern als Beschenkte leben dürft.

IV

Noch etwas zum Schluß.
In seinem Gleichnis erzählt Jesus von einem Menschen, der tut, was eigentlich alle hätten tun sollen.
Und ausgerechnet er ist ein Fremder. Ja, noch mehr, ein verhaßter Fremder.
Es stand viel zwischen seinem Volk und dem der Juden. Nationale und religiöse Gegensätze und, was noch schwerer wiegt, eine lange leidvolle Geschichte.
Die Einzelheiten sind jetzt nicht so wichtig wie die Tatsache, daß das Gute gerade von dem getan wird, dem es keiner zugetraut hätte.
Vielleicht denkt Ihr daran, wenn Ihr einmal sehr zornig auf einander seid: Die Wahrheit und die Güte können gerade dort sein, wo Ihr sie nicht vermutet.
Was diese Geschichte sagt, gilt jedoch nicht erst dann. Es hat schon jetzt Bedeutung.
Ihr beide gehört verschiedenen Völkern an. Ihr seid in unterschiedlichen Religionen aufgewachsen.
Ich wünsche Euch, daß Ihr die Fragen, welche damit zusammenhängen, nicht ausklammert, sondern offen werdet für das, was Gott Euch durch den anderen sagen will. Man kann ja gerade in der Begegnung mit Fremdem das Eigene erweitert und vertieft zurückgewinnen.
So wie es mir ging, als ich eines Tages Legenden des Islam gelesen habe. Die eine erzählt von einer Karawane, welche sich in den Dünen der Wüste verirrt hat. Die Männer finden sich nicht mehr zurecht. Sie rechnen bereits mit ihrem Ende. Da vernehmen sie plötzlich eine Stimme: »Folgt

mir.« Sie sehen ein Licht wie eine Hand, sie hören ein Lachen. »Es ist Ischa« (Jesus), rufen sie. »Wir sind gerettet.«
So führt sie die leuchtende Hand und die lachende Stimme in die Geborgenheit.
Mich haben diese und ähnliche Geschichten überrascht.
Da werden aus einer Welt außerhalb des christlichen Glaubens Legenden erzählt. In ihnen kommt Jesus vor. Aber gar nicht fremd, gar nicht feindselig. Er erscheint als der Leuchtende, der Brüderliche und als der, der das Lachen bringt.
Dies ist denn mein letzter Wunsch für Euch beide. Daß Ihr in der Begegnung miteinander etwas von der Brüderlichkeit Gottes erfahrt, daß Ihr zu einem entsprechenden Umgang miteinander findet, daß Ihr das Lachen nicht verlernt und daß Euer Leben immer wieder hell wird von Fröhlichkeit.

Karl-Heinz Ronecker

Dem Pfarrer sehr vertrautes Arztehepaar, Christin und Moslem.

Laßt eure Ehe wachsen!

Johannes 15,1 ff. (i. A.)

Ein Vers aus der Minnesängerzeit schoß mir durch den Kopf, als ich den Abschnitt aus Johannes 15 für eure Trauung bedachte. Ganz säkular – aber irgendwie hängt das eben doch zusammen. Wahrscheinlich kennt ihr das mittelhochdeutsche Original. In heutiger Sprache lautet der Vers:

> Du bist mein, ich bin dein:
> dessen sollst du gewiß sein.
> Du bist verschlossen
> in meinem Herzen:
> verloren ist das Schlüsselein,
> du mußt für immer drinnen sein.

Das stammt aus einer Zeit, in der Weltliches und Geistliches noch eng beieinander lagen. Darum klingt auch die Treue an, die ihr beide euch heute zusagen wollt. Und das Bild vom verlorenen Schlüssel erinnert an die anderen Worte der Trauungsfrage: »bis der Tod euch scheidet«.
Mir fiel besonders der mystische Gedanke auf: Einer im andern. Das ist der Grundgedanke aller Mystik, hier freilich sehr verdünnt, auf die Zwei-

samkeit eines Paares verengt. Zwei, die sich genug sind – das mag ja möglich sein im engeren Horizont, im Bereich von Leib und Seele, von Körperlichkeit und Gefühl. Aber es ist doch zu wenig im größeren Horizont unseres Lebens, im Bereich dessen, was wir mit »Geist« bezeichnen können.

Ihr wißt, mir geht diese Dreiteilung nicht so leicht über die Lippen, aber bei Johannes klingt jedenfalls etwas an, was über Leib und Seele hinausgeht. Da geht es um den größeren Horizont, um das mystische Ineinander im vollen Sinne, nicht um ein Ineinander zweier Menschen, sondern um das Ineinander von Christus und uns: »Bleibt in mir und ich in euch«.

Das ist umfassender als die Liebeslyrik. Da seid ihr beide zusammengesehen mit allen, die gleich euch Reben sein wollen am Weinstock Christus: »Bleibet in mir!« Er bietet Raum an, Raum in sich. Und ihr könnt euch darin bergen. »Bleibet in mir und ich in euch«: Das ist das Versprechen für euch, daß ihr wachsen könnt aus seiner Kraft. Ohne ihn wächst ja nichts, jedenfalls nichts Gutes. Mit ihm jedoch wächst das Licht und die Liebe und das Leben.

Einen Vers aus dem Johannesabschnitt habt ihr euch als Trauspruch ausgesucht. Christus spricht:

»Nicht ihr habt mich erwählt, sondern ich habe euch erwählt und dazu eingesetzt, daß ihr hingeht und Frucht bringt. Wenn ihr dann den Vater in meinem Namen bittet, wird er's euch geben.«

Da steckt Antwort drin auf die Frage, woher ihr stammt und woran das liegt, daß ihr euch gefunden habt. Nicht eure Entschlüsse haben dazu geführt. Ihr könnt von Fügungen sprechen. Und es war nicht der blinde Zufall, der gewürfelt hat. Ihr seid vielmehr einander zugefallen, weil ihr füreinander bestimmt seid. Ihr habt euch einander anvertraut, weil Gott euch einander anvertrauen wollte. Und was ihr so am eigenen Leibe und an der eigenen Seele erfahren habt, das gilt auch im größeren Horizont. Ihr versteht es, was Christus meint: »Nicht ihr habt mich erwählt, sondern ich habe euch erwählt«.

Und das alles hat ein Ziel, hat seine Bestimmung: »Ich habe euch erwählt und dazu eingesetzt, daß ihr hingeht und Frucht bringt.«

Gesetzt, gepflanzt wie ein Baum, dem der Lebensstrom nicht ausgehen soll. Damit eure Ehe nicht sterben kann, sondern immer wieder durchströmt wird von der Kraft des Lebens: Weinstock, Lebensbaum.

Eure Ehe als Baum, der wurzelt und wächst in immer größere Weite. Ehe als Baum, der seinen Rhythmus hat – auch eure Ehe gehört ja hinein in das große Atmen alles Irdischen und Himmlischen. Ehe ist zum Fruchtbringen da – und ich denke, daß wir auch dies ganz umfassend verstehen müssen nach Leib, Seele und Geist. In jedem Bereich steht eine besondere Arbeit für euch an. Und für alle Bereiche gilt, »daß ihr hingeht und Frucht bringt und daß eure Frucht bleibt.« Frucht soll bleiben – über euer Miteinander hinaus. Auch für andere soll etwas zu ernten sein vom Baum eurer Ehe. In den Berufen, auf die ihr euch vorbereitet: Kinder und junge Leute sollen davon etwas haben. Aber auch sonst: die Familien, aus denen ihr stammt, eure Freunde alle und – wenn es möglich ist – die ganze Welt.

Laßt eure Ehe wachsen gegen die Traurigkeit unserer Zeit. Lebt fröhlich und macht Hoffnung! Laßt eure Ehe wachsen gegen die Ungerechtigkeit alles Eigennutzes und alles Geizens. Teilt aus und macht Mut zum Teilen! Laßt eure Ehe wachsen gegen alle Gewalt und gegen alles Kriegsgeschrei. Stiftet Frieden und wehrt euch gegen alle, die das Leben mißachten! Laßt eure Ehe wachsen gegen die Kräfte und Mächte, die Gottes Erde zerstören. Zeigt, wie man leben kann im Einklang mit der Natur!

Eure Ehe wird dann immer auch wachsen zum Lobe Gottes. Wir haben ja nicht nur mit Menschen zu tun und nicht nur mit den Lebewesen der Erde, nicht nur mit den Pflanzen, dem Boden und den Steinen. Wir haben es in allem ja mit Gott zu tun, mit ihm, dem alles gehört. Er aber soll immer größer und herrlicher werden, er soll verherrlicht werden. Auch durch euch.

Dann wird auch für euch selbst genug Frucht übrig sein, Frucht, die bleibt, weil sie aus dem Weinstock Christus gewachsen ist. Wunderfrucht, die sich nicht verzehrt und nie verdirbt, die euch am Leben erhalten wird bis in den Tod und über den Tod hinaus.

»Wenn ihr dann den Vater in meinem Namen bittet, wird er's euch geben!« Der Erhörung aller eurer Bitten könnt ihr gewiß sein, wenn ihr im Einklang lebt mit ihm, von dem ihr kommt, im Einklang mit dem Leben, im Einklang mit dem lebendigen Christus – vielleicht sagt ihr auch gern: Im Einklang mit der geistigen Welt.

Aber es stimmt auch mit den biblischen Bildern: Weinstock und Reben, Haupt und Glieder. Wir gehören mit Christus alle zusammen. Er und wir. Wir in ihm und er in uns. Wir sind der Leib Christi, sein lebendiger Leib. Alle sind wir in ihm verbunden, wir haben vom Haupt her das Leben. Darum stimmt es, was Christus spricht:

»Nicht ihr habt mich erwählt, sondern ich habe euch erwählt und dazu eingesetzt, daß ihr hingeht und Frucht bringt und daß eure Frucht bleibt. Wenn ihr dann den Vater in meinem Namen bittet, wird er's euch geben.«

Eure Liebe kann eingebunden bleiben in diesen größeren Horizont. Wir wünschen euch, daß ihr bis ans Ende eures Lebens zueinander sagen könnt:

Du bist mein, ich bin dein . . .

verloren ist das Schlüsselein . . .

Wir wünschen euch aber auch, daß ihr miteinander und jeder für sich »in ihm bleibt und er in euch«.

Der Ehemann ist Werklehrer in einer Waldorfschule, die Ehefrau Erzieherin in einem Waldorfkindergarten. Beide sind vom Gedankengut der Anthroposophie Rudolf Steiners stark beeindruckt.

Hans Schmiedehausen

Weil ihr von ihm geliebt seid

Johannes 15,10–12

»Liebt einander, wie . . .« – Genau das ist die Frage: *Wie* soll Liebe, wie soll *eure* Liebe aussehen, so daß sie echt ist und ihr darin glücklich werdet und bleibt?

Ihr selbst habt zwei Möglichkeiten, zwei Modelle von Liebe ins Gespräch gebracht:

Die eine mit diesem Christuswort aus dem Johannesevangelium: »Liebt einander! – und zwar so, wie ich, Christus, euch geliebt habe!«

Die andre Möglichkeit mit einem Zitat aus Kahlil Gibrans »Prophet« auf euren Hochzeitseinladungen, aus dem ich jetzt nur einen kleinen Ausschnitt zitiere:

»Vereint sollt ihr bleiben immerdar!
Doch lasset Raum zwischen eurem Beisammensein!
Füllet einander den Kelch – doch trinkt nicht
aus einem Kelch.
Gebt einander von eurem Brote, doch esset
nicht vom gleichen Laib.« –

Ich empfinde eine Spannung zwischen beiden Weisen zu lieben und fühle mich in diese Spannung hineingezogen.

Es geht um die Frage von *Nähe* und *Distanz* – ganz sicher eine Schlüsselfrage in der Liebe zwischen zwei Menschen: Wie nah darf man sich kommen, ohne den eigenen Freiraum, den eigenen Spielraum und sich selbst zu verlieren, ohne dem andern zu nahe zu kommen? Wieviel kann, darf und soll man von sich selbst preisgeben – ohne eigenen Substanzverlust, ohne sich völlig zu verausgaben, zu verbluten (und dann hätte man dem andern ja nichts mehr zu geben!)?

Die Lebensweisheit des Kahlil Gibran spricht mich an – nicht nur von der

schönen sprachlichen Form her, sondern auch wegen mancher Übereinstimmung mit eigenen 23jährigen Lebens-, Liebes- und Eheerfahrungen. Auf der andern Seite kann ich das mit dem Kelch und dem Brotlaib nicht hören, ohne an den zu denken, der die Seinen aus seinem Kelche trinken ließ – ihnen von seinem einen Brot gab und dabei sagte: Dieser Kelch, dies Brot bin ich selbst, ist mein Selbst. Ich selbst gebe mich für euch hin! Und nun liebt einander, wie ich euch geliebt habe.
Liebe als Selbstpreisgabe, als Hingabe.
Ich kann für mich selbst diese Spannung zwischen beiden Weisen zu lieben nicht ganz lösen – und erst recht nicht stellvertretend für euch – denn Liebende müssen ja selbst den Weg ihres Miteinander finden.
Vielleicht können wir die Spannung aber so aushalten: Lieben, wie er, Christus, geliebt hat – da konnte wohl nur *Er* selbst! Ich nicht. Ich *wills* möglicherweise auch nicht. Ich *solls* vielleicht gar nicht, denn: Wie kann ich dem andern zum Christus werden, ohne mich dabei zu übernehmen?!
Auf der andern Seite: Kahlil Gibran weiß bei aller Lebensklugheit doch eines nicht: nämlich, daß wir dem andern den Kelch nicht aus unserm schmalen Krug allein füllen, sondern daß wir den Krug unserer Liebe und Freude von *ihm*, dem Weinstock, her gefüllt bekommen und darum dieser Krug – wie der der Frau aus Zarpath zur Zeit des Propheten Elia – dann wunderbarerweise nie zur Neige geht.
Er weiß wohl nicht, daß wir nicht nur unser Brot dem andern zu reichen haben, sondern daß unser Gott uns sein Brot reicht, sich selbst uns gibt, so daß unsere Möglichkeiten zu schenken unerschöpflich werden.
Wir füllen nicht nur *einander* den Kelch, reichen nicht nur einander Brot und Wein – sondern *er* füllt beiden den Kelch, bricht beiden das Brot, gibt sich selbst und stiftet so Gemeinschaft zwischen ihm und uns und euch beiden untereinander »Liebt einander, wie ich euch geliebt habe« – heißt letztlich also nicht: Ihr *sollt* euch lieben, *wie* ers tat – sondern: Ihr *könnt* euch lieben, *weil* ihr von ihm geliebt seid! Der 1. Johannesbrief hat das dann so auch als Entschluß und Aufmunterung formuliert:
»Laßt uns lieben, denn er hat uns ja zuerst geliebt!« –
Und dann kann eure Liebe doch noch etwas von der Art seiner Liebe in sich haben, ohne sich zu übernehmen. Dann kann eure Liebe sogar mit Hingabe und Opfer und Selbstpreisgabe etwas zu tun haben, ohne daß wir Gefahr laufen, uns selbst zu verlieren und dem andern verloren zu gehen.
Und sie kann dann etwas mit Fußwaschungen zu tun haben, mit *Dienen* (ihr wißt: im Zusammenhang der *Fußwaschung* hat Jesus dies Wort von der Liebe nach dem Maße seiner Liebe noch einmal ausgesprochen!)
Mir fiel auf, daß der Weise Kahlil Gibran wunderschön vom Miteinander und der Liebe als einem »webenden Meer zwischen den Seelen« spre-

chen kann, von Wind und Himmel, zwischen denen Seelen Raum haben, vom gemeinsamen Mahl, Tanzen und Musizieren – aber nicht: von gemeinsamer Last, die man einander tragen kann, nicht vom gegenseitigen Füßewaschen und nicht vom Schuldigwerden aneinander und davon, daß Liebe nicht nur von genügend Distanz, sondern auch vom gegenseitigen Verzeihen und der Vergebung lebt. Und doch ist gerade dies das Herzstück der Liebe nach der Weise Christi!

Nicht nur *geben* (und nehmen) können, sondern auch sich ein Stück weit *hingeben* können, sich vor allen *ver-geben* können! Und daß gerade darin die Freude »vollkommen« wird.

Vergebung allerdings kann man sich nicht mit einer großen Geste zusprechen, nicht in der Art dichterischer Hochsprache des Kahlil Gibran – aber auch nicht in der Weise eures Trauspruches als großes Wort heiliger Schrift: (»Ich vergebe dir – wie Christus mir vergab«). Vergebung zwischen zwei Menschen wird nur erträglich als einfaches schlichtes Wort. So möchte ich euch ein Wort der Vergebung in den Mund legen, das nicht aus der schönen Literatur und nicht aus der Heiligen Schrift stammt, sondern aus dem Poesiealbum eines winzigen Oberrieder Schulmädchens mit asiatischem Gesichtsschnitt (vielleicht habt ihr sie beim Oberrieder Gemeindefest gesehen). Eine Liebeserklärung – voller Begeisterung für den andern und voller humorvollen Verzeihens (also doch etwas von der Liebe nach der Art Christi!).

Diese verzeihende Liebeserklärung lautet:

»Du bist mein Glück, du bist mein Stern,
auch wenn du brummst – ich hab dich gern!«

Gott gebe, daß es euch nie solche Sprache verschlägt!

Klaus Zillessen

Mit Gott in Verbindung

Römer 12,12 und Psalm 46,2

Herr und Frau N haben sich als Trautext die beiden Worte gewünscht, die sie zu ihrer Konfirmation als Denkspruch bekommen haben. Frau N's Denkspruch ist ein Wort des Apostels Paulus aus dem Römerbrief: »Seid fröhlich in Hoffnung, geduldig in Trübsal, haltet an am Gebet«. Herrn N's Denkspruch ist ein Wort aus Ps. 46: »Gott ist unsere Zuversicht und Kraft. Darum fürchten wir uns nicht.«

Ich möchte mit Ihnen darüber nachdenken, was diese beiden Worte für den gemeinsamen Lebensweg von Herrn und Frau N bedeuten.
Und jetzt möchte ich Sie beide ganz persönlich anreden:
Liebe Frau N, lieber Herr N,
es ist eine uralte Erfahrung: Liebe kann nicht lange verborgen bleiben. Daß es zwischen Ihnen beiden »gefunkt« hatte, das ist bei den Ausflügen und Treffen der Naturfreunde in den letzten Jahren sicher bald genug aufgefallen. Und wahrscheinlich ist auch ab und zu darüber geredet worden: »Du, die zwoi ganget mitanandr!« Und die Gegenfrage: »Ja, passet die au zuanandr?«
»Passen die auch zueinander?« – das ist eine wichtige Frage. Sie beide haben in den letzten drei Jahren Zeit und Gelegenheit gehabt, sich diese Frage selber immer wieder zu stellen – und mit Ihrer Trauung heute bringen Sie zum Ausdruck, daß Sie eine positive Antwort darauf gefunden haben: Ja, wir passen zueinander.
Als ich mir die Denksprüche angesehen habe, die Sie als Leitwort zu Ihrer Konfirmation bekamen, da dachte ich: Auch Ihre Denksprüche passen zueinander, ergänzen sich gut: in ihnen zusammen ist all das ausgedrückt, was für Ihr Leben wichtig ist.
Das Wort des Apostels Paulus enthält drei Ratschläge für Ihren gemeinsamen Lebensweg: Seid fröhlich, weil ihr eine Hoffnung habt. Seid geduldig, wenn Ihr Schweres durchstehen müßt. Haltet immer die Verbindung mit Gott.
Fröhlich sind Sie heute an Ihrem Festtag sowieso, das sehe ich Ihnen an. Aber Paulus denkt mit seinem Rat nicht nur an die Höhepunkte des Lebens, sondern an den ganzen Weg, der vor Ihnen liegt und den Sie jetzt noch nicht kennen; und da will er Sie ermutigen: Ihr braucht nicht ängstlich zu sein wie manche Pessimisten, die – auch im Blick auf die Ehe – von vornherein sagen: »Es geht ja doch schief!«.
Nein, ihr könnt fröhlich sein, denn ihr habt zeitlebens eine Hoffnung: die Hoffnung, daß Gott euch begleitet und führt, durch Höhen und Tiefen, zu einem erfüllten Leben.
Solch fröhliches Hoffen entspricht wohl dem, wenn Sie eine längere Wanderung oder Bergtour machen: Sie wissen, es gibt da ein lohnendes Ziel. Sie wissen auch: Der Weg kann durchaus beschwerlich, manchmal auch gefährlich sein. Aber Sie gehen ihn trotzdem fröhlich: in der Hoffnung, manches Schöne auf diesem Weg zu entdecken, die Hindernisse und Schwierigkeiten überwinden zu können und dann am Ziel einen herrlichen Überblick zu haben über die ganze Strecke, die Sie zurücklegten.
Und das zweite wissen Sie von Ihren Erfahrungen bei den Naturfreunden her auch: Ungeduldig darf man nicht sein beim Wandern und Bergstei-

gen. Da gibt es ja immer wieder sogenannte Durststrecken, die einem Mühe machen – wer da ungeduldig wird, vorschnell aufgibt und umkehrt, der taugt nicht zum Wandern. Und eben in diesem Sinn rät Paulus für Ihren gemeinsamen Lebensweg: Seid geduldig, wenn ihr in Trübsal kommt, in Lebenssituationen, die euch nicht gefallen und schwer sind für euch; behaltet da den langen Atem, denkt immer daran, daß ihr eine Hoffnung habt – auch in den Schwierigkeiten. Bei unserem Traugespräch haben Sie mir gesagt: »Wir gehen durch Dick und Dünn miteinander, auch wenn unsere Dickköpfe ab und zu zusammenstoßen« – es ist wichtig, daß Sie da die Hoffnung Ihres gemeinsamen Lebensziels nicht aufgeben und darum auch die Geduld miteinander nicht verlieren. Beides, das Fröhlichsein und das Geduldigsein, faßt Paulus zusammen in seinem dritten Rat: Haltet immer die Verbindung mit Gott. Laßt euch nicht irremachen in dem Vertrauen: wir sind umschlossen von einem größeren Leben, sind geborgen und gehalten, was auch geschehen mag. Und was diese Verbindung bedeutet, das drückt nun Ihr Denkspruch aus, lieber Herr N: Gott ist unsere Zuversicht und Kraft, eine Hilfe auch in Not. Darum fürchten wir uns nicht.
Sie wissen das ja selber: Gott kann man nicht sehen, man kann ihn auch nicht beweisen. Aber man kann ihn spüren: als Zuversicht, als Ermutigung in uns immer wieder, als Lebenskraft, die uns die Freude an Schönem schenkt und die Ausdauer in dem, was uns schwerfällt; und man kann ihn erfahren als Hilfe in der Not – die Älteren unter Ihnen werden das vielleicht aus eigener Erfahrung bestätigen: Es gibt ja immer wieder Lebenssituationen, in denen man denkt »Es geht nicht mehr weiter«. Und dann, irgendwie, geht es doch. Und im Rückblick fragt man sich verwundert: Wie war das bloß möglich, wie kam ich heraus aus dem Tief, wie habe ich wieder meinen Weg gefunden?
Als Christen sagen wir: Das ist Erfahrung der Hilfe Gottes. Um diese Hilfe bitten wir in diesem Gottesdienst für Ihre Ehe, diese Hilfe ist Ihnen zugesagt ein Leben lang. Darum, heißt es in Ihrem Denkspruch weiter, darum fürchten wir uns nicht.
Ein gutes, ein ermutigendes Wort für den Beginn Ihrer Ehe: der Rat »haltet euch stets an Gott, lebt im Vertrauen zu ihm« und die Begründung »er ist eure Lebenskraft und Hilfe«. Ich wünsche Ihnen, daß Sie sich immer wieder darauf besinnen und Kraft daraus schöpfen.

Renate Ganzhorn-Burkhardt

Andersartigkeit und Einheit (ökum.Gottesdienst)

Römer 14,19

Sie haben sich für den Gottesdienst zu Ihrem Ehebeginn einen Trauspruch ausgesucht, der nicht zum klassischen Repertoire der Trausprüche gehört. Sie sind jedenfalls das erste Paar, das ich mit dem Bibelwort traue, das der Apostel Paulus im 14. Kapitel des Römerbriefes, V. 19 aufgeschrieben hat:
»Darum laßt uns dem nachstreben, was zum Frieden und zum Aufbau der Gemeinde dient.«
Das ist ein Satz, der heute in dieser Kirche, bei diesem oekumenischen Gottesdienst, zu Ihrer Trauung ein besonderes Gewicht und eine besondere Bedeutung erhält. Sie kennen sich seit Jahren. Sie haben erfahren, daß die Tatsache, daß der eine evangelisch ist und der andere katholisch, Sie beide nicht trennt. Sie haben es erlebt, daß es eine Kraft gibt, die stärker ist, die Trennendes überwinden kann: die Macht der Liebe. Sie beide sind darin unseren Kirchen weit voraus. Sie können und wollen miteinander in Ihrer Ehe verwirklichen und leben, was unseren beiden Kirchen immer noch so schwerfällt: die Einheit im Glauben, die Frieden schafft und eine Gemeinde, die die Kirche Jesu Christi aufbaut. Sie wissen, was dazu nötig ist: Respekt vor der Andersartigkeit des anderen und Respekt vor seiner anderen Geschichte. Und Sie haben es erfahren, daß das möglich ist, ohne daß einer den anderen beherrscht, ohne daß einer über den anderen bestimmt: Nur die Liebe gibt uns dazu Kraft und Mut. Nur die Liebe stellt uns in den Raum der Freiheit, die es anderen gestattet, anders zu sein. Und nur die Liebe ermöglicht die beglückende Erfahrung: Andersartigkeit kann als Bereicherung erlebt werden und als gemeinsamer Reichtum.
Sie beginnen Ihre Ehe mit einem Gottesdienst, um Gott für die Erfahrungen der Liebe, die Sie miteinander gemacht haben, zu danken und um ihn zu bitten, daß bleibt, was ist: die Liebe, die Sie miteinander verbindet und in der der eine den anderen als Geschenk ansehen kann, das gerade ihm von Gott gegeben ist. Wenn wir uns als evangelische und als katholische Kirche doch auch so ansehen könnten! Es würde dem Frieden dienen – und die Kirche sollte doch ein Ort des Friedens Jesu sein. Es würde die Gemeinde Jesu Christi aufbauen, stärken. »Laßt uns dem nachstreben«, sagt der Apostel. Und er erinnert an Jesus, für den Liebe immer auch die Bereitschaft einschloß, dem anderen zu vergeben. Das ist wichtig für Menschen, die miteinander verheiratet sind: diese Bereitschaft zu vergeben. »Liebende leben von der Vergebung«, hat ein Dichter

einmal gesagt. Liebe ist die Kraft der Vergebung, könnten wir hinzufügen. Menschen können offenbar gar nicht anders zusammenleben, ohne daß einer den anderen auch enttäuscht, daß er ihm wehtut, verletzt. Schuld bleibt nicht aus – in der Ehe nicht und nicht zwischen unseren Kirchen. Aber auch Schuld muß nicht trennen. Schuld kann vergeben werden, wo der Geist der Liebe Jesu Christi herrscht. Dort ist ein neuer Anfang möglich; dort können Menschen einander vergeben, weil sie wissen, daß sie selber auf Vergebung angewiesen sind. Und wo das geschieht, da setzt sich das Werk der Liebe Jesu fort, in Ihrer Ehe und zwischen unseren Kirchen; da geschieht Friede, Aufbau der Gemeinde. »Laßt uns dem nachstreben«, sagt der Apostel. Und er ruft uns damit auf den Weg Jesu, in dessen Namen Sie Ihre Ehe beginnen und führen wollen.

Eine Ehe ist genauso wenig fertig wie eine Gemeinde, wie unsere Kirchen, wie die Einheit zwischen den Konfessionen. Sie will wachsen. Wir können dazu beitragen, indem wir Jesus nachfolgen, indem wir dem Geist seiner vergebenden Liebe unter uns Raum geben, die uns alle schon längst miteinander verbunden hat. Das ist gut zu wissen für Leute, die miteinander verheiratet sind: Da ist eine Verbindung zwischen uns, die Gott vorgegeben hat; die wir nicht immer wieder neu herzustellen brauchen, die da ist und bleibt, auch wenn wir meinen, uns nicht mehr zu verstehen, auch wenn wir fürchten, unsere Liebe ist tot. Der eine bleibt trotzdem für den anderen Gottes gutes Geschenk und Gabe – und unter dieser Voraussetzung, mit diesem Wissen kann man nach einander suchen und einander wiederfinden, auch wenn man meinte, einander verloren zu haben.

Das wäre gut für unsere Kirchen, wenn wir immer wüßten: Da ist eine Verbindung zwischen uns, die Gott durch Jesus vorgegeben hat, die wir gar nicht erst herzustellen brauchen durch gelehrte Dispute und Diskussionen. Wir brauchen zu dieser Einheit nur zurückzukehren, dem entsprechend, was durch Jesus Christus längst geschehen ist, dessen Name uns über alles Trennende hinweg eint. Frieden – Aufbau der Gemeinde. Sie geschieht in dieser Ehe eines katholischen und eines evangelischen Christen – und sie möge in ihr weiter geschehen. Niemand braucht zu verleugnen, daß er anders ist. Aber die Andersartigkeit ist aufgehoben in der Einheit, macht sie spannender und reicher. Möge das ausstrahlen von Ihrer Ehe in unsere immer noch getrennten Kirchen hinein. Möge Ihre Ehe dem Frieden unter uns dienen und in unserer friedlosen, waffenstarrenden Welt. Möge es die Gemeinde Jesu Christi aufbauen in beiden Kirchen. Und mögen Sie selber von dem Frieden und der Liebe leben, die Jesus Christus uns gebracht hat: »Darum laßt uns dem nachstreben, was zum Frieden und zum Aufbau der Gemeinde dient.«

Heinz-Dieter Knigge

In Frieden miteinander leben

Römer 14,19

Ob Sie beide diesen Tag als einen Tag empfinden, an dem etwas Neues geschieht?
Sie kennen sich seit langem. Sie haben eine eigene Wohnung, und Silja ist ihre gemeinsame Tochter. Warum jetzt noch Standesamt – und sogar Kirche? Warum das überhaupt?
Früher nahm einem die Sitte die Antwort auf diese Fragen ab. Das tat man eben. Die Väter haben's so gemacht, die Mütter, die Großväter und Großmütter – also wir auch! Das war viel leichter, als es heute ist. Zu viele Ehen der Eltern erscheinen den Kindern nicht gerade nachahmenswert. Zu wenig glaubhaft und hilfreich scheint die Institution Ehe heute oft für junge Menschen zu sein. Zu viele Ehen scheitern und zerbrechen. Sie, Herr F., haben es ja selber erlebt und erfahren, wie bitter das sein kann. Ist es da nicht besser, auf den äußeren Rahmen einer Ehe zu verzichten? Lieber in freier Entscheidung jeden Tag beieinanderbleiben oder auch auseinandergehen zu können – ist das nicht besser, als im Trieb und Trott einer Ehe zu erstarren, mehr oder weniger zwanghaft aneinandergebunden zu sein. Ich vermute, Sie beide kennen diese Fragen und Überlegungen. Ich finde, das haben Sie uns Älteren voraus, daß Sie überhaupt so zu fragen wagen. Wir hätten es wohl kaum gewagt, und vielleicht wäre es gut gewesen für uns selbst und für unsere Ehen, wenn wir es getan hätten ...
Aber nun haben Sie sich für Heirat und Kirche entschieden. Nun wollen Sie nicht mehr länger nur zusammenleben, sondern auch verheiratet sein, sicher auch um Ihrer Tochter willen. Aber vielleicht ist das auch eine Entlastung, zu wissen: Wir gehören zusammen und müssen das nun nicht mehr jeden Tag neu entscheiden. Da gibt es einen Spielraum des Selbstverständlichen, der jetzt nicht mehr zur Diskussion und Entscheidung steht. Wir wollen uns hüten, diesen Spielraum zu mißbrauchen und überzubewerten. Aber klar ist nun: wir gehören zusammen. Nicht nur heute und morgen, sondern für immer. Etwas Neues? Das wäre zu prüfen und auszuleben. Die Risiken sind klar. Wir erbitten Gottes Segen für Ihre Entscheidung. Sie haben sich einen Trauspruch ausgesucht – und der könnte von nun an zum Bezugspunkt werden für Sie beide, für Ihr gemeinsames Leben miteinander und mit Silja und mit dem Kind oder den Kindern, die noch ungeboren sind. Im Römerbrief, Kapitel 14, Vers 19 heißt es in einer neuen Übersetzung:
»Wir wollen also alles daransetzen, daß wir in Frieden miteinander leben und einander weiterhelfen.«

Frieden. Dieses Wort hören wir oft. Ich denke an die Friedensbewegung und an die Diskussion über die neue Aufrüstungsrunde. Und ich finde es schlimm, daß wir offenbar nur dem Frieden der Abschreckung Vertrauen schenken können, dem Frieden, den wir mit immer tödlicheren und immer teureren Waffen sichern müssen.
Was uns in der Welt der großen Politik begegnet, spiegelt sich oft wider in der Art und Weise, wie Menschen miteinander umgehen, gerade auch in einer Ehe. Ich denke daran, wie oft der offene oder verborgene Machtkampf das Zusammenleben von zwei Menschen bestimmt oder wie oft einer von beiden sich anpaßt oder sich gar aufgibt – um des lieben Friedens willen, wie es dann manchmal gesagt wird.
Der Frieden, von dem Ihr Trauspruch redet, ist von anderer Art: Es ist ein Frieden, der keine Angst macht, sondern der den anderen leben läßt, in dem einer dem anderen weiterhilft. Paulus redet von dem Frieden, der durch Jesus Christus in unsere Welt gekommen ist. Und die Bedingungen dieses Friedens sind nicht Macht, Abschreckung, Rüstung und Angst. Die Worte, die den Frieden Jesu beschreiben, heißen: Vertrauen, Vergebung und Liebe. Jesus vertraute den Menschen, auch den Fragwürdigen, ins Abseits geratenen Menschen; auch denen, die mit Schuld beladen waren. Und die Evangelien berichten von dem Wunder der Wandlung, das diesen Menschen geschah. Sie konnten umkehren zum Leben, umkehren zu Gott, sie konnten sich ändern und neu mit dem Leben, mit ihren Mitmenschen und mit sich selber anfangen.
Menschen, die als Mann und Frau beieinander sind, brauchen diese Kraft der Liebe, die Frieden schafft, weil sie dem Partner gestattet, er selbst zu sein, manchmal wohl auch anders, als ich ihn haben möchte. So geschieht der Friede, der uns zusammenleben läßt – und es wird nicht langweilig, weil einer für den anderen da ist und ihm weiterhilft, sich selbst zu entfalten und innerlich zu wachsen und sich zu entwickeln. Neues kann geschehen im Schutz dieses Friedens, nicht nur Wiederholung des Bekannten und Alten. Neues kann geschehen, weil einer den anderen auch überraschen darf, weil Schuld und Versagen (die wohl nicht ausbleiben, wenn man so eng beieinanderlebt) nicht zum Hammer werden, mit dem einer den anderen festzunageln versucht. Liebende leben von der Vergebung, hat jemand gesagt. Und Vergebung eröffnet Zukunft, weil sie Menschen von Lasten befreit und ihnen die Möglichkeit gibt, neu und von vorne anzufangen miteinander.
Überwindung von Feindbildern nennen wir heute das, wovon ich gesprochen habe. Auch in der Ehe gibt es solche Feindbilder, auch zwischen den christlichen Konfessionen und in unserer Gesellschaft. Sie beide stammen aus zwei verschiedenen christlichen Kirchen. Wir hoffen darauf, daß das, was zwischen Ihnen beiden möglich ist, immer öfter und

schließlich ganz selbstverständlich auch zwischen unseren beiden Kirchen geschieht: Daß wir in Vertrauen und Liebe und in der Bereitschaft zur Vergebung zum Frieden Jesu Christi finden, in dem einer für den anderen da ist und einer dem anderen weiterhilft. – Sie beide haben einen Beruf, mit dem viele unter uns gerade nicht liebevoll umgehen, wenn gedankenlos oder mit der Absicht zu kränken von den »Bullen« die Rede ist. Hier Frieden zu schaffen, heißt nicht Feindbild gegen Feindbild zu setzen, sondern auch in ihrem Beruf für jenen Frieden einzutreten, der durch Vergebung geschieht, der sich nicht auf Macht und Gewalt gründet, sondern auf Liebe.
Wir erbitten für Sie und Ihre Ehe Gottes Segen, d.h. wir bitten für Sie um die Kräfte der Liebe, des Vertrauens und der Bereitschaft zur Vergebung. Denn diese Kräfte kommen nicht aus uns selber und nicht von uns selbst. Gott will sie uns schenken durch sein Wort. Wo das geschieht, geschieht Friede. Möge der Weg Ihrer Ehe bestimmt sein von diesem Frieden Jesu, in der einer dem anderen weiterhelfen kann. Mögen Sie Kirche als einen Ort erfahren, an dem wir Kraft und Mut zu diesem Frieden finden. Mögen Sie immer wieder neu erfahren, daß es Besseres in der Welt gibt als Feindschaft und Haß, als Abschreckung und Macht. Möge der Friede Jesu von Ihnen ausstrahlen auf Ihre Kinder, auf unsere Kirchen, hinein in unsere Gesellschaft und Welt.

Heinz-Dieter Knigge

Einander leiden können

Römer 15,7

Auf dem Deckblatt eurer Trauanzeige liest man unter der Zeichnung von der Lindenbergkapelle ein Wort von Dostojewski:

> »Einen Menschen zu lieben
> heißt, ihn so zu sehen,
> wie Gott ihn gemeint hat.«

In diesem Satz steckt zunächst eine Absage an eine andere beliebte Definition von Liebe:
Liebe heißt nicht, den andern so sehen, wie *ich* ihn haben will, mir ein Wunschbild von einem mir passenden, mir bequemen Ehepartner zu machen und dann auch noch zu verlangen, daß der andre diesem Bild gefälligst entsprechen soll! Wer sich so Liebe vorstellt, dem ruft die Bibel

zu: Nein, sondern »nehmt einander an, wie Christus euch angenommen hat« (Römer 15,7). Nehmt einander an, jeder den andern so, wie er ist mit seinen Licht- und Schattenseiten – wie ja Christus euch auch mit euren guten Seiten und mit eurer Schuld annimmt.

Aber Dostojewskis Wort von der Liebe geht noch einen Schritt weiter: Ihr sollt den andern nicht nur lieben, wie er ist (mit seinen schönen und häßlichen Seiten – und man wird im Lauf der Ehe viele unliebenswerte Seiten bei sich selbst und beim andern entdecken!) – sondern Liebe soll den andern sehen, *wie Gott ihn gemeint hat,* als er ihm das Leben gab. Es gilt, das schöne Bild im andern zu entdecken, das Gott gemeint hat, als er uns wollte, die schöne Vollkommenheit – die wir Menschen immer verfehlen!

Wie kann man so lieben – wie kann man so den andern sehen – wenn wir in Wirklichkeit diesem Bild Gottes doch so selten entsprechen?! Man kann das, wenn unsere Liebe »leidenschaftlich« ist – (Ich gebrauche dies Wort, weil es eine Schlüsselrolle in dem Text von Ernesto Cardenal spielt, den nachher einer aus eurem Freundes- oder Verwandtenkreis lesen wird – so habt ihr es euch gewünscht). Mit »Leidenschaft« meine ich dabei allerdings nicht, daß eure Liebe unbedingt »stürmisch« sein müßte – vielmehr hat »Leidenschaft« wohl etwas mit »Leiden« zu tun –

Liebe muß *leidensfähig* sein, sie muß den andern ertragen, »erleiden« können (»ich mag dich leiden«), belastbar sein, sie muß die dunklen Seiten des andern aushalten und erleiden können. Liebe muß verletzlich sein können, jedoch, ohne daß man sich verletzt vom andern zurückzieht, sie muß leiden können, aber ohne daß man sich »beleidigt« vom andern abwendet.

Das ist nur möglich *aus der Kraft des Verzeihenkönnens,* aus der Kraft der Vergebung, und diese Kraft wächst einem zu, wenn man sich selbst vergeben läßt.

Darum ruft der Kollosserbrief den Liebenden zu (wir haben das vorhin gelesen):

> »Vergebt einander, wenn jemand dem andern etwas
> vorzuwerfen hat;
> wie Christus euch vergeben hat,

so auch ihr!«

Wer das vermag, der entdeckt neben und hinter den Schattenseiten des andern da und dort und immer wieder, manchmal bruchstückhaft und ansatzweise, manchmal in überraschender Fülle, wie schön der andre ist, den Gott mit anvertraut hat – wie schön das Geschöpf ist, das Gott meinte, als er ihm das Leben gab, das Geschöpf, das er mir nun als Gegenüber schenkt.

Es gehört zu den wunderbaren Erfahrungen der Ehe, daß es da jahrelang

immer wieder, jenseits aller Enttäuschungen, neue, wunderbare, überraschende Herrlichkeiten im andern zu entdecken gibt, zu entdecken gibt, wie Gottes Geist die verdorbenen Seiten meines und seines Menschseins verwandelt und erneuert zu neuem schönen Menschsein und wie wir gegenseitig an diesem Verwandeln mitwirken können.
Wir spüren: Liebe und Ehe ist eine Entdeckungsreise, geradezu ein Abenteuer, aber ein Abenteuer, das man wagen kann, weil wir mit Gottes gutem Geist rechnen dürfen, eine Entdeckungsreise, die sich – wie kaum etwas anderes – lohnt und Freude verspricht, weil man, weil *ihr* auf Gottes Zusagen und Verheißungen für eure Ehe – vertrauen dürft.

Klaus Zillessen

Annahme

Römer 15,7

Jesus von Nazareth soll einmal gesagt haben: »So ihr wißt, was ihr tut, selig seid ihr.« Obwohl das Wort nicht in die Bibel gelangt ist, gilt es ganz bestimmt von einem Ereignis wie diesem. Denn man kann eine Hochzeit sehr unterschiedlich verstehen und begehen: Als gesellschaftlichen Vorgang, als Gelegenheit zu öffentlicher Selbstdarstellung, als Ausdruck innerer Einstellung, als Akt kirchlicher oder kindlicher Observanz. Vielleicht trägt es zur Klärung bei, Eure Hochzeit einfach als das zu nehmen, was ihr Name besagt: als Hoch-Zeit, als eine der hohen Zeiten des menschlichen Lebens, möglicherweise als *die* hohe Zeit schlechthin. Was die hohen Zeiten vom Alltag unterscheidet, ist der unterschiedliche Gebrauch der Sprache. Wir befinden uns immer dann auf der Höhe unserer sprachlichen Möglichkeiten, wenn wir von dieser menschlichsten aller unserer Gaben schöpferischen Gebrauch machen, d.h. wenn wir durch das Wort, das wir sprechen, etwas Neues ins Leben rufen und stifterisch tätig werden.
Das ist der Kern dessen, was in dieser Stunde geschieht: Indem Ihr Euer längst gegebenes und standesamtlich registriertes »Ja«-Wort an die Formel »vor Gott und diesen Zeugen« bindet, verleiht Ihr ihm stifterische Kraft, denn Ihr hebt damit Eure Entscheidung in den Rang einer neuen Schöpfung, einer neuen Sozialgestalt namens »Ehe«, die aus der Kraft des Zuspruchs geboren wird, durch den Ihr Euch wechselseitig

miteinander verbindet und verbündet. Vorher habt Ihr als zweimal Eins existiert, ab jetzt existiert Ihr als einmal Zwei.
Sich dabei auf Gott zu beziehen heißt, das eigene Sprechen als Fortsetzung des göttlichen Schöpfungsaktes zu begreifen. Sprechen heißt dann: Hervorrufen, stiften, zeugen. Nicht umsonst beginnt das Evangelium des Johannes mit dem Satz: »Im Anfang war das Wort, und das Wort war bei Gott, und Gott war das Wort, dasselbe war im Anfang bei Gott, und ohne dasselbe ist nichts gemacht, was gemacht ist« – also auch nicht Eure Ehe.
Dennoch sind sich die wenigsten Menschen darüber im klaren, welchen Rang ihr Sprechen in diesem Augenblick besitzt, die wenigsten begreifen, daß sie mit diesem ihrem »Ja« tatsächlich einen schöpferischen Akt vollziehen, der Erschaffung aus dem Nichts vergleichbar – obwohl es sich wirklich so verhält! Denn diese Verbindung, die Ihr darstellt, hat es so noch nie gegeben. Ihr ruft den einen Leib Eurer Ehe, zu dem Ihr werden sollt, nämlich die Gestalt Eurer Beziehung, in die Ihr hineinwachsen werdet, wirklich und wahrhaftig aus dem Nichtvorhandensein ins Dasein – und in welchem Augenblick ihres Lebens wären Menschen der Vollmacht der Sprache wohl näher als in diesem Moment? Es kommt hinzu, daß dieses Euer »Ja« vor Gott und den hier anwesenden Zeugen nicht nur ein Sprachereignis ist, sondern zugleich ein Glaubensakt. Der Glaube beginnt ja nicht erst da, wo die Kirche in Erscheinung tritt. Er war von Anfang an vorhanden, vielleicht Euch selber nicht bewußt. Aber es wäre wohl niemals zu dem offiziellen »Ja« vor dem Standesbeamten gekommen, hättet Ihr Euch nicht längst zuvor gegenseitig Glauben geschenkt, daß das ursprüngliche, erste, alles entscheidende »Ja« zu einander ernst gemeint war und ist. Beweisen läßt sich das bekanntlich in diesem Augenblick überhaupt nicht. Auch der Standesbeamte hat letzten Endes keine andere Wahl, als Eurer Versicherung Glauben zu schenken, daß es sich so verhält, wie Ihr sagt. Und die Öffentlichkeit ihrerseits hat erstaunlicherweise so viel Vertrauen in die Gültigkeit Eures »Ja«-Wortes, daß sie daraufhin beginnt, Euch beide mit dem Namen anzusprechen, auf den Ihr Euch zuvor geeinigt habt.
Es geht aber noch einen entscheidenden Schritt weiter. Denn das stärkste Glaubensmoment liegt – zumindest für mein Empfinden – in der antideterministischen, antiresignativen Haltung, die Eurem »Ja« innewohnt. Denn Ihr erklärt damit nicht mehr und nicht weniger, als daß Ihr es für möglich haltet, über alle Unterschiede von Person und Biografie, Sozialisation und Temperament, Konfession und psychischer Disposition hinweg den Weg in den einen Leib Eurer Ehe hinein zu finden und zu gehen. Ihr wollt es zumindest versuchen, obwohl Ihr aus wissenschaftlichen Quellen und eigener Anschauung gut genug wißt, wie schwierig das

ist, was alles dem entgegensteht, und vor allem: wie viele Menschen daran verzweifeln und entweder aufgeben oder es gar nicht erst wagen. Daß Ihr's trotzdem wagt, den eigenen Bedenken (und wohl auch Ängsten) zum Trotz, das finde ich so ungeheuer wichtig für Euch selbst und ermutigend für uns alle, weil Ihr damit dem Leben selber den Horizont offen haltet, das Unwägbare mit einbezieht und Euch damit aus einer letztlich materialistischen Lebensauffassung löst, die da meint, aus den vorgegebenen Ausgangsdaten das Resultat vorhersagen zu können. Im Zusammenhang mit der eigenen Ehe von Gott zu sprechen, bedeutet, mit Hilfe dieses Namens die eigene Zukunft für offen zu erklären, denn Gott ist der Name für die noch verborgenen Möglichkeiten, für die noch nicht gefundenen Lösungen, für die noch nicht sichtbaren Wege, für die noch nicht faßbare Entwicklung, die Eure Ehe nehmen kann.
Das ist um so wichtiger, als Ihr Euch mit Eurer Entscheidung für einander auf die Wahrheit einlaßt, und das heißt auch: auf das Ende von Illusion und Projektion. Das ist riskant, es kann kritisch werden, denn es schließt Enttäuschung ein: die Aufhebung von Täuschung. Aber gerade von dieser Wahrheit, die dann zum Vorschein kommt und die sehr bitter sein kann, gilt die Verheißung des Evangeliums: sie wird Euch frei machen. Vielleicht ein Stück voneinander, aber ganz gewiß auch ein großes Stück füreinander. Denn die Einheit der Ehe kann nur wachsen, wo sie aus der freien Zusage der Partner immer neu bejaht wird. So verstehe ich jedenfalls die Aussage der katholischen Kirche, wonach die Eheleute sich das Sakrament der Ehe wechselseitig spenden. Darum ist zwar Euer heutiges »Ja« von besonderem und grundsätzlichem Gewicht, aber es ist bestimmt nicht das letzte Ja, das Ihr zueinander sprechen, besser: einander zusprechen werden müßt.
Doch gerade dazu will Euch Euer Trauspruch ermutigen: »Nehmt einander an, gleichwie Christus uns angenommen hat zu Gottes Lob«. So einander annehmen zu lernen, als die wir uns real entpuppen, vielleicht auch wechselseitig konditionieren, mit unseren Stärken und Schwächen, mit unserem Vermögen und Unvermögen, mit allen bewußten und unbewußten Anteilen unserer Person, in guten und bösen Stunden – das gehört nach aller Erfahrung zum Schwersten, zuweilen auch am schwersten zu Ertragenden in der Ehe. Denn es ist kein ein für allemal vollzogener Akt, sondern ein dynamischer Prozeß, ein immer wieder erforderlicher Schritt, weil wir uns ständig verändern. Ob er uns unter diesen Umständen immer gelingt, ob er überhaupt gelingt, das steht auf einem anderen Blatt, in das wir keine Einsicht haben. Aber gerade deswegen ist es so wichtig, sich in bestimmten Situationen auf dieses »Ja« von heute beziehen zu können, denn die kirchliche Trauung ist auch so etwas wie das Aufrichten eines Paniers, Zweifler würden wohl eher sagen: die

Proklamation einer Utopie. Beides trifft zu. Denn sich zu diesem Verständnis von Ehe bekennen heißt einerseits: ein Stück Flagge zeigen, öffentlich verkündigen, was man gelten lassen will – wenn es sein muß, auch gegen sich selbst. Andererseits lehrt die Erfahrung, daß ohne gewisse utopische Elemente das Leben seine Spannung verliert, Spannung verstanden als die stachlige Differenz zwischen Utopie und Wirklichkeit, die uns unterwegs bleiben läßt, solange wir die Flagge nicht streichen.

Woher beziehen Menschen die Kraft, ihrer Utopie treu zu bleiben, bei allem Realismus in der Einschätzung der eigenen Person wie der des Partners? Davon handelt der Nachsatz Eures Trauspruchs. Er bedient sich dabei religiöser Ausdrucksweise, die nicht die Eure ist und Euch deshalb befremden mag. Laßt mich versuchen, zu übersetzen, was gemeint ist mit den Worten: ». . . gleichwie uns Christus angenommen hat zu Gottes Lob.« Dahinter verbirgt sich *die* zentrale Einsicht des Apostels Paulus, von dem diese Formulierung stammt. Was ihm zu leben ermöglicht hat, einschließlich der Annahme seiner vorchristlichen, antichristlichen Vergangenheit, war die Erfahrung, daß Christus die prinzipielle Annahme des Menschen durch Gott verkörpert und daß alles, was dieser Mann aus Nazareth sagte und tat, keinem anderen Zweck diente, als diese Wahrheit zu vermitteln. »Es gibt so etwas wie ein letztes Angenommensein meiner Existenz, jenseits und unabhängig von aller Erfahrung des Gegenteils«, so etwa ließe sich der Nachsatz Eures Trauspruchs verstehen. Und was das bedeuten kann, für einen psychisch Kranken nicht weniger als für einen Gesunden, das bedarf keiner weiteren Erklärung. Für Paulus erwächst aus dieser Erfahrung die Möglichkeit, sich selbst und andere anzunehmen – in ihrem Anderssein, in ihrer Fremdheit, in ihrer definitiven Verschiedenheit. Bei Max Frisch findet sich der Satz: »Du willst, daß ich dich brauche, das hältst du für deine Liebe . . .« Was aber, wenn ich erkennen muß, daß der andere mich nicht braucht? Kann ich ihn dann noch annehmen? Oder vielleicht erst dann? Die Fragen verweisen nur auf eine Facette der Problematik, auf die Ihr Euch einlaßt, doch sie soll, sie darf nicht unterschlagen werden.

Nimmt man das alles zusammen, hat man der Gründe mehr als genug, Euch Mut zuzusprechen. Und auch dazu sind wir hier. Denn die kirchliche Trauung bedeutet auch: Traut Euch, in Gottes Namen – traut Euch, den Schritt zu tun. Wir preisen Euren Entschluß, ihn zu tun. Er verdient, gefeiert zu werden, und feiern werden wir und sollen wir, damit ein- für allemal Euer Hochzeitstag unterscheidbar bleibe von den niedrigeren Formen des Sprechens, vom routinierten Jargon des Alltags. Wir freuen uns mit Euch, wir hoffen mit Euch, wir beten für Euch, und wir bieten Euch Rat und Hilfe an zu jeder Zeit, damit Ihr, wenn's möglich ist, niemals bereut, Eure Ehe gewagt zu haben, damit sie, hervorgerufen durch die Sprachkraft des Wortes, das im Anfang bei Gott war, etwas werde, das ihn lobt.

Geschrieben und gehalten für ein befreundetes Paar, beide zweite Hälfte zwanzig, er fertiger Zahnarzt, sie praktizierende Psychiaterin, er katholisch, sie evangelisch, beider Entschluß zur Trauung zunächst eher den Eltern zuliebe, vor großer gesellschaftlicher Kulisse.

Jochen Rieß

Die Stärke der Liebe ist ihre Schwäche

1. Korinther 13,4–8a

»Das Alte ist vergangen; siehe, es ist alles neu geworden« (1 Kor 5,17). Nicht »alles«, natürlich nicht, aber doch so viel, daß man schon von einer umfassenden Erneuerung sprechen kann. Sie sind von neuem geboren. Jeder von Ihnen hat schon einmal gelebt und sich unter Schmerzen von diesem ersten, zerbrochenen Lebensentwurf gelöst; Sie beide haben, jeder für sich, eine lange Zeit des Suchens durchlebt, und endlich haben Sie gefunden, was Sie nicht gesucht hatten: sich. Als Sie mich im März anriefen, lieber Herr R., da hat in Ihrer Stimme viel Wärme mitgeklungen und beglücktes Erstaunen. Sie hätten nicht geglaubt, daß Ihnen dieses Erlebnis möglich wäre: noch einmal einer Frau zu begegnen, von der Sie wissen und fühlen: *Sie ist es;* noch einmal mit Leib und Seele, mit allem, was zu Ihnen gehört, gemeint und in Anspruch genommen zu sein; anzukommen, nicht mehr suchen zu müssen. Dieses Erlebnis gehört ja nicht nur Ihnen allein; Sie beide teilen es miteinander. Auf die kritische Frage, warum Sie sich denn entschlossen hätten zu heiraten, antworten Sie mit dem einfachen Satz: »Weil es so richtig ist.« Sie haben es so leise und so selbstverständlich gesagt, daß ich in mir keine Zweifel finden konnte.

Daß Ihnen beiden dieser Übergang vom »Alten« ins »Neue« gelungen ist, das ist tatsächlich ein guter Grund zum Feiern; es ist auch ein Grund, dankbar zu sein. Denn daß solche Übergänge gelingen, ist alles andere als selbstverständlich. Viele bleiben im zerbrochenen Haus des ersten Lebensentwurfes wohnen, können sich nicht lösen, bleiben hängen an dem, was sie verloren haben, oder suchen unentwegt und unruhig weiter, ohne je zu finden. Kaum besser, glaube ich, sind die anderen dran, die alles Vergangene in Schutt und Asche legen und erklären, nun erst fingen sie wirklich an zu leben. Sie beide haben die Beziehung zu Ihrem ersten Lebensentwurf nicht verloren; Sie können miteinander unbefangen über vergangene Jahre reden, jeder von Ihnen hat zwei Kinder aus dem ersten Leben, das vergangen ist und eben *nicht* vorbei, sondern in ihnen lebendig und gegenwärtig ist. Sie haben Glück gehabt, und Sie wissen es. Sie erleben miteinander, was Sie lange Zeit nicht für möglich gehalten hätten. Zweifellos ist Ihre Ehe mehr als ein Zweckbündnis. »Uns gruut vör nix«, haben Sie geschrieben, und Sie fürchten sich ja deswegen nicht vor allem, was kommt, weil Sie der Liebe trauen, die zwischen Ihnen gewachsen ist. Es ist nicht die Liebe zwischen Ehepartnern, die Paulus im berühmten 13. Kapitel des 1. Korintherbriefes beschreibt, aber seine Sätze lassen sich so auf diese Liebe beziehen, daß es einen Sinn macht. Zunächst stellt Paulus die Liebe als die höchste aller Gaben Gottes vor, weil sie die einzige ist, die Leben schaffen und lebendig machen kann; ohne Liebe – so lassen sich die ersten Sätze dieses 13. Kapitels zusammenfassen – *ist alles nichts.* Und dann beschreibt er sie in ihren Merkmalen und Lebensäußerungen: »Die Liebe ist langmütig und freundlich. Sie ereifert sich nicht, sie bläht sich nicht auf, sie treibt nicht Mutwillen. Sie handelt nicht ungehörig, sie sucht nicht das Ihre, sie läßt sich nicht erbittern, sie trägt das Böse nicht nach, sie freut sich nicht über das Unrecht, sie freut sich vielmehr an der Wahrheit; sie erträgt alles, sie glaubt alles, sie hofft alles, alles hält sie aus. Die Liebe hört niemals auf.«

Die Stärke der Liebe ist ihre Schwäche. Die von Paulus beschriebene Liebe ist sanft, nachgiebig, gewaltlos. Sie will nichts für sich, sie will nichts durchsetzen, und genau im Vollzug dieses Verzichts gewinnt sie alles. Sie beide haben das Alter, in dem man solche Sätze vielleicht für sich in Anspruch nehmen kann. Sie haben sich selbst kennengelernt. Sie wissen, was Sie können und was nicht, was Sie brauchen und worauf Sie verzichten können, Ihr Selbstbewußtsein ist nicht mehr leicht zu beunruhigen. Sie brauchen einander nicht, um sich selbst zu finden; Sie brauchen den anderen weder als Erzieher noch als Objekt des gestaltenden Willens. Sie sind zwei ausgewachsene Menschen, die sich aus freien Stücken zusammentun; es gibt keine andere Notwendigkeit für diese Verbindung als die Liebe, die »in einer sehr altmodischen Geschichte« zwischen Ihnen gewachsen ist. Und darum kann sie so sein: sanft, nachgiebig, gewaltlos. Die erwachsen gewordene, die Liebe in ihrer reifen Gestalt will nichts mehr für sich; sie findet, was sie braucht, darin, daß es dem gut geht, den sie liebt. In einem kleinen Gedicht, das kurz vor seinem Tod entstanden ist, hat Bertolt Brecht diese uneigennützige Liebe so dargestellt:

> Deine Sorg war meine Sorg
> Meine Sorg war deine

Hattest du eine Freud nicht mit
Hatt' ich selber keine.

Ich bin sicher, daß diese innige Gemeinsamkeit zwischen zwei Menschen erst entstehen kann, wenn beide so selbstbewußt, so autonom geworden sind, daß sie einander nicht mehr zur Selbstverwirklichung brauchen, sich also auch lassen könnten, wenn es denn nur um jeden von ihnen ginge. Aber es geht ja nun nicht mehr um jeden für sich; es geht nun um das, was im freien Spiel der Liebe zwischen zwei ausgewachsenen Menschen werden kann. Das übrigens beschreibt Paulus nicht, es bleibt offen. Er beschreibt nur die Voraussetzung für alles, was nun werden kann. Und diese Beschreibung ist so klar, daß sie eigentlich keiner Auslegung bedarf. Und Sie wissen ja auch genau, was gemeint ist. Ich höre Sie sagen, B: »Ich habe Zeit« (das heißt: Ich bin nicht ungeduldig, ich kann warten), und das ist nichts anderes als eine andere Fassung des Paulus-Satzes: »Die Liebe ist langmütig«.

Noch einen anderen dieser Sätze will ich näher ansehen: »Sie trägt das Böse nicht nach.« Es gibt keine andere Beziehung auf Gegenseitigkeit, in der man sich einander so ungeschützt nähert; so vollkommen auf Vorsichtsmaßnahmen verzichtet, wie die Ehe oder eine entsprechende Lebensgemeinschaft. Sie werden einander sehr genau kennenlernen und im Laufe der Jahre manches über den anderen in Erfahrung bringen, wovon Sie jetzt noch nichts ahnen. Sie werden miteinander viel vermögen, und Sie werden auch an Grenzen kommen und dessen gewahr werden, was alles Sie *nicht* zustande bekommen. Sie werden hinter den Ansprüchen zurückbleiben, die Sie für sich gelten lassen, Sie werden in Widersprüche geraten, bestimmt wird es Erfahrungen geben, die im kirchlichen Sprachgebrauch gern unkonkret mit dem Wort »Schuld« bezeichnet werden, und Sie werden dann sehr genau wissen, wovon Sie reden. Das ist der Stoff, aus dem Vorwürfe entstehen. Das erlebte Böse kann zur Waffe gegen den anderen gemacht werden. Es kann, aber es muß nicht. Die Ehe kann auch zu einer wahrhaftig »intimen« Lebensgemeinschaft werden, in der einer über den anderen »alles weiß« und dieses Wissen nicht *gegen* ihn verwendet, sondern für ihn, ihm zugut. Das ist möglich, und hin und wieder geschieht es: daß dieselbe Beziehung, in der man sich einem anderen Menschen so ungeschützt und gewaltlos anvertraut, einem nicht zum Verderb, sondern zum Gedeihen wird. Es gibt ein leises, behutsames und liebendes Wissen, das nicht entlarven will. Manche, die lange miteinander leben, machen noch ihr genaues Wissen, das sie über den anderen haben, zum Instrument der Liebe.

Die weitere und kompetentere Auslegung der Paulus-Sätze über die Liebe findet nun in Ihrem gemeinsamen Leben statt. Es sind ja keine

Sätze für eine Rede, sondern fürs Leben, für das neue, das angefangen hat. Sie feiern diesen Anfang mit vielen Menschen. Mögen Sie in dem großen und schönen Haus, das Sie bewohnen, nie von Menschen verlassen sein; möge es in ihm aber auch nach wie vor Tage geben, die Sie beide allein miteinander verbringen, Tage voll ungeteilter Aufmerksamkeit füreinander, an denen Sie einander im freien Spiel der Liebe begegnen als zwei Menschen, die unabhängig genug geworden sind, um sich einander anzuvertrauen.

Klaus Eulenberger

Die Liebe hört nicht auf

1. Korinther 13,8

»Daß zwei sich herzlich lieben,
gibt erst der Welt den Sinn
macht sie erst rund und richtig
bis an die Sterne hin.

Daß zwei sich herzlich lieben,
ist nötiger als Brot,
ist nötiger als Leben
und spottet aller Not.

Daß zwei sich herzlich lieben,
ist aller Welt Beginn,
macht sie erst rund und richtig
bis an die Sterne hin.«

Schöner als Hermann Claudius in diesem Gedicht kann man es kaum sagen, was Liebe ist, wozu die Liebe befähigt. Liebe hält nicht nur zwei Herzen zusammen, sondern die ganze Welt. Der Dichter Albrecht Goes hat das so gesagt: »Die Welt lebt, das glaube ich, viel mehr, als ihr bewußt ist, von dem unscheinbaren Werk der Geduld, dem Lächeln der Versöhnlichkeit.« Ich glaube, daß es keinen Menschen gibt, der das nicht im tiefsten Grund seiner Seele weiß, daß Liebe wohl das Größte ist, wozu der Mensch fähig ist. Jeder von uns war umhegt und gepflegt von mütterlicher und väterlicher Liebe. Jeder von uns ist ins Leben hineingekommen und hat davon gelebt, daß andere für ihn da waren. Jeder weiß, was Liebe ist. Und wer wenig oder fast gar nichts davon mitbekommen hat, weiß es doppelt gut, weil er so sehnlich darauf wartet, daß ihn auch einmal einer von Herzen lieb hat. Ich glaube, daß die Sehnsucht nach Geborgenheit und Liebe noch nie so groß war wie in unserer Zeit, die von Technisierung, Rationalisierung und Bürokratisierung geprägt ist.

Und nun habt Ihr Euch entschieden, Euer künftiges Leben mit Liebe, auf Liebe aufzubauen. Ihr wollt für immer beieinander bleiben und Euch die Geborgenheit geben, die jeder von uns braucht, um sein Leben, seine Fähigkeit zur Liebe, zu entfalten. Wir sollten es wieder lernen, gerade über diese Gefühle zu sprechen.

Liebe ist ein Urwort, dessen Kraft und Inhalt jeder kennt, auch wenn er nicht davon spricht, ein Wort, das Erfahrungen und Sehnsüchte in uns wachruft. Paulus bezeichnet sogar das ganze Leben als null und nichtig, wenn es nichts mit der Liebe zu tun hat. Wer zur Liebe befreit und fähig ist, der hat sich das nicht selbst angeeignet. Um alle Schätze in der Welt ist diese Liebe nicht zu bekommen. Wer liebt, ist bereit, sein ganzes Leben auf Gedeih und Verderb in die Hände des anderen zu legen. Wer liebt, gibt sich ganz her. Liebe gibt es nicht unverbindlich, sondern nur ganz. Jesus hat auch nicht nur ein bißchen von sich hergegeben, sondern sich selbst. Darum hat er Gottes Liebe für immer zu uns Menschen gebracht. Wir brauchen deshalb nicht schon bei jeder erlittenen oder zugefügten Lieblosigkeit zu verzweifeln, weil wir wissen, wie Paulus sagt: »Die Liebe höret nimmer auf«, auch wenn's manchmal danach aussehen mag.

Liebe ist auf Beständigkeit und Zukunft angelegt. Das klassische Paar dieser beständigen, verläßlichen Liebe sind Philemon und Baukis aus der griechischen Mythologie. Sie sind zusammen alt geworden, sie hatten eine gute Ehe geführt, und in all den gemeinsam erlebten Jahren hatten sie einen Schatz angesammelt, der nicht in greifbaren Dingen, sondern in guten Worten und liebevollen Gedanken bestand. Sie hatten keinen Grund gehabt, sich gegenseitig zu verhärten, und jede Enttäuschung, jede Sorge des äußeren Lebens, die der eine empfing, war von dem anderen aufgelöst worden in ein Lächeln der Geduld. Sie waren offen geblieben und stets auch zur Verwandlung bereit. Auch waren sie in all den Jahren der Welt nicht müde oder überdrüssig geworden und hatten nicht aufgehört, in ihr das Wunderbare zu suchen, das der schönsten Erfahrung ihrer Herzen entsprach.

Jeder kennt die Sehnsucht nach solcher Geborgenheit, nach solchem Verständnis, nach solcher Treue. Bittere Lebenserfahrungen und menschliche Enttäuschungen sind noch kein Gegenargument, weil Gott selbst in der Liebe ist. »Gott ist Liebe«, heißt es im 1. Johannesbrief, »und wer in der Liebe bleibt, der bleibt in Gott und Gott in ihm.« Wenn Ihr Liebe sät, werdet Ihr auch Liebe ernten. Wir wünschen's Euch von ganzem Herzen.

Ulrich Kadelbach

Gottes Liebe erfahren

1. Korinther 13,13

Das finde ich köstlich, und ich möchte es ausplaudern dürfen, daß Ihre Geschichte in einem Spiegel begann. Ein Rückspiegel war's, im Auto der Fahrgemeinschaft, die nach Dassel fuhr. Sie müssen da günstig gesessen haben, oder vielleicht war der Spiegel auch verstellt, daß sich in ihm ihre Augen begegnen konnten: »Ach, wie tief die Blicke dringen« – diese Worte aus dem westöstlichen Diwan fielen Ihnen ein, einem von Ihnen beiden natürlich. Und es war, wie wir nun wissen, kein Augenblick nur, es blieb jedenfalls nicht dabei – bei dieser Begegnung im Spiegel. Was so begann, hat Sie zueinandergeführt. Keine Liebe auf den ersten Blick. Sie kannten sich als Kollegen ja schon lange. Aber ein Blick wohl, der vieles verändert hat in Ihrer beider Leben. Ein Geschenk wohl, für das es sich lohnt, dankbar zu sein. Sie wollen beieinander bleiben. Sie freuen sich, daß Sie sich gefunden haben. Wir freuen uns mit Ihnen gemeinsam über Ihre Freude, über diese Blicke, die in die Tiefe drangen.
Das war erst die Einleitung. Nun kommt der Hauptteil. Und der fängt mit den Sprüchen an, die Sie sich für Ihre Ehe, für diese Ansprache, ausgesucht haben. Ja, es sind gleich zwei. Nicht etwa für jeden von Ihnen einen. Auch nicht, weil, wie die Erfahrung lehrt und das Sprichwort sagt, doppelt genäht besser hält. Sondern weil beide Bibelworte das eine, was Ihnen beiden wichtig ist, übereinstimmend und doch verschieden sagen: 1. Joh. 4,12 heißt es: »Niemand hat Gott jemals gesehen. Wenn wir uns untereinander lieben, so bleibt Gott in uns und seine Liebe ist völlig in uns.« Und im 1. Korintherbrief, Kapitel 13, Vers 13 schreibt Paulus: »Nun aber bleibt Glaube, Hoffnung, Liebe – diese drei. Aber die Liebe ist die größte unter ihnen.«
Verschieden zu sein – und doch übereinstimmen zu können: das ist die beglückende Erfahrung, die Sie beide nach jenem vielsagenden Blick in den Spiegel miteinander gemacht haben. Verschiedensein – und doch übereinstimmen, ja zueinander sagen und sich gegenseitig annehmen zu

können, das meint doch wohl das Wort Liebe, das Ihre beiden Trausprüche miteinander verbindet. Das finde ich hoffnungsvoll für Sie und für uns, daß Ihr Vers aus dem 1. Johannisbrief sagt: Wo Menschen einander lieben, trotz ihrer Verschiedenheit, da tritt Gott unter uns in Erscheinung, trotz seiner Unsichtbarkeit, da erfahren wir Gottes Liebe, einer durch den anderen.
Was da so dicht und zusammengedrängt gesagt ist, will wohl auseinandergenommen werden, und ich versuche es und bringe dabei Ihren zweiten Trauspruch mit ins Spiel, der auch von Glaube und Hoffnung redet. Das ist wohl Glaube, wenn Menschen es verstehen: Unsere Liebe kommt nicht aus uns selbst. Sie ist uns geschenkt von Gott. Und wir geben sie nur weiter aneinander. Und das heißt wohl Hoffnung: daß diese Liebe bleibt, weil Gott uns bleibt und er uns liebhat.
Und das soll nun Ihre Ehe begleiten: Ihre Trausprüche könnten Spiegel sein für Sie. Verschieden sind Sie und verschieden ist Ihre Geschichte, die Sie mit einbringen in Ihre neue Ehe. Und das darf so sein. Denn Liebe nimmt den anderen so an, wie er ist. Gott nimmt uns so an, wie wir sind, und dazu gehört allemal Versagen und Schuld, und sie werden in Zukunft auch dazu gehören. Gott nimmt uns an, so wie wir sind. Wir können uns deshalb auch selber annehmen mit unserer je verschiedenen Lebensgeschichte. Sie brauchen nicht zurückzublicken im Zorn über sich selber und über andere. Sie können einen neuen Anfang wagen, und das, was war, braucht dafür nicht durchgestrichen zu werden. Denn es war sicher sogar Gutes und Schönes dabei. Das hat Sie reicher gemacht, und Sie können es behalten und umgestalten auf Ihrem gemeinsamen Weg. Liebe vermag das und Liebe läßt uns Freiheit. Liebe kann loslassen, weil sie sich verbunden weiß.
Ich habe an Sätze gedacht, die Max Frisch in einem seiner Tagebücher aufgeschrieben hat. Sie kennen sie sicher. Ich lese sie trotzdem vor: »Du sollst dir kein Bildnis machen, heißt es, von Gott. Es dürfte auch in diesem Sinne gelten: Gott als das Lebendige in jedem Menschen; das, was nicht erfaßbar ist. (Du sollst dir kein Bildnis machen.) Es ist eine Versündigung, die wir, so wie sie an uns begangen wird, fast ohne Unterlaß wieder begehen – ausgenommen, wenn wir lieben.« – »So wie das All, wie Gottes unerschöpfliche Geräumigkeit, schrankenlos, alles Möglichen voll, aller Geheimnisse voll, unfaßbar, ist der Mensch, den man liebt. – Nur die Liebe erträgt ihn so.« – »Es ist bemerkenswert, daß wir gerade von dem Menschen, den wir lieben, am mindesten aussagen können, wie er sei. Wir lieben ihn einfach. Eben darin besteht ja die Liebe, das Wunderbare an der Liebe, daß sie uns in der Schwebe des Lebendigen hält, in der Bereitschaft, einem Menschen zu folgen, in allen seinen möglichen Entfaltungen. Wir wissen, daß jeder Mensch, wenn man ihn

liebt, sich wie verwandelt fühlt, wie entfaltet, und daß auch dem Liebenden sich alles entfaltet, das Nächste, das lange Bekannte. Vieles sieht er wie zum ersten Male. Die Liebe befreit aus jeglichem Bildnis.« – »Das ist das Erregende, das Abenteuerliche, das eigentlich Spannende, daß wir mit den Menschen, die wir lieben, nicht fertig werden: weil wir sie lieben; solang wir sie lieben.«
Ich wünsche Ihnen, daß Sie einander diese Freiheit der Liebe schenken können und das Abenteuer erleben, nie mit dem anderen fertig zu werden. Einer braucht dem anderen nicht Echo oder Schatten zu sein; erleuchtende Frage und Antwort wäre schon besser und auch Wartenkönnen auf Antwort, ohne zu drängeln – das wäre vielleicht am besten.
Ich wünsche es Ihnen, daß Sie so in Ihrer Liebe Gott erfahren; den Gott, der uns liebhat. Und ich wünsche Ihnen, daß Sie Kirche anders erfahren als Dienstherren und als Wächter über einer bürgerlichen Moral. Der Gott, von dem Ihre Trausprüche reden, ist anders – gottseidank. Er ist kein Aufpassergott. Er ist ein Liebhaber des Lebens, ein Liebhaber der Menschen, der uns Mut macht zu einer Liebe, die alles erträgt und alles erduldet und die niemals aufhört, wie es in unserer Lesung hieß. Möge der Mut dieser Liebe bei Ihnen bleiben und mögen Sie beide sich Blicke der Liebe bewahren, die tiefer dringen: Sie beide füreinander, für Ihre Schüler, für die Menschen, die um Sie sind.

Heinz-Dieter Knigge

Ohne Wenn und Aber

Galater 6,2

Paul Tillich hat uns zusammengeführt – wußte S. vor einiger Zeit zu verkünden. Und gerade *ich* in der schwierigen Doppelrolle als Freund und Pfarrer – soll dazu etwas sagen? Oder soll *gerade* ich dazu etwas sagen . . .?
Als ich heute morgen versuchte, alle diese Rollen zu bewältigen, fand ich in meiner dicken Bibel – eingelegt im Galaterbrief 6,2 – einen Brief. Der Freund Michael hat ihn geschrieben, damit ihn der Pfarrer Becker heute vorliest und überreicht. Damit bin ich fein raus und kann einfach lesen:
Liebe S., lieber D.,
viele Gedanken macht mir ein Geschenk für Euch. Was schenke ich Menschen, die alles haben; eine Wohnung – fast schon ein Heim;

Kleidung, die schmückt und schützt; reichlich Speise zu jeder Zeit; Bücher, über denen Ihr aufatmet oder aufstöhnt . . ., zwei, die alles haben, von nun an sogar sich selbst in einer besonderen Form – als Ehepartner. So sollte ich Euch etwas schenken für eine Zeit, die vielleicht nie kommt. Allerdings weiß ich nicht, ob Ihr zu beneiden seid, wenn diese Zeit nie kommt. Darum wird sie vielleicht doch kommen, diese Zeit, weil ja ein jegliches seine Zeit hat – auch Schmerzen, Tränen, Fremdheit der Liebenden. Für jene nahe, ferne Zeit, deren Eintreffen möglicherweise nicht an Euch liegt, deren Ausmaß und Gestalt aber unversehens in Eure Hände übergehen wird, möchte ich Euch etwas schenken. Ich fand im Notizbuch eines Bekannten einen kleinen Satz. *Mosch,* so heißt der Bekannte, überließ ihn mir. So schenke ich Euch heute dieses Sätzchen Leben:

Liebe ist der beharrliche Wille,
zu Hause zu sein bei einem Fremden.

Eine Erklärung für Liebe will ich Euch schenken – eine Liebeserklärung für Euch.

Liebe ist eine ernste Sache, und nur wer sie ernst genug nimmt, hat Freude daran. Was in vielerlei Schriften an Süßem und Klebrigem zu einer sogenannten »Liebe« gesagt wird, hat mit Liebe nichts zu tun. Dieses in vieles Denken und Reden eingegangene Geschreibe – mancher ist diesem Kleister schon hoffnungslos auf den Leim gegangen – ist nur Ablenkung von der Mühe, die den Boden bereitet für Freude an der Liebe. Liebe war, ist und wird bleiben eine gehörige Portion Wille; beharrlicher, ausdauernder Wille, Gegensätzliches zu ertragen und vielleicht zu überwinden. Wille mit sehr fruchtbarem Grund in Lust und Zärtlichkeit und Albernheit und Behutsamkeit und . . . und . . . und.

Doch macht die schönste Vertrautheit den anderen nicht weniger fremd, jeder bleibt auch gern sich selbst treu. Eigenständige Persönlichkeiten leben zusammen, deren wesentliche Gemeinsamkeit in dem Willen besteht, zu Hause zu sein bei einem Fremden, diesen Fremden zum Freund zu haben – bedingungslos, ohne Wenn und Aber.

Ohne Wenn und Aber, darin liegt alles.

Alle Freude zu ihrer Zeit; aller Schmerz zu seiner Zeit. Wenn die Fremdheit des anderen vertraut ist, kann es freuen, manchmal über alle Maßen. Wenn die Fremdheit des anderen fremd ist, kann es schmerzen, manchmal über alle Maßen. Und Schmerzen überwinden die, meine ich, die nicht Anlaß darin sehen, das grundlegende Versprechen in Frage zu stellen. Das Spiel mit einmal gesetzten Grenzen ist meist nicht hilfreich – zu oft ist Auseinandergehen eher Flucht als Folge einer Klärung.

Ja, das ist Ehe; Du, ohne Wenn und Aber. Und das braucht Ehe: Liebe als beharrlichen Willen, zu Haus zu sein bei einem Fremden.

Starke Worte? Ja, sicherlich, aber leichter ist erfülltes Leben nicht zu haben. Starke Versprechen, damit das Leben leichter wird.
Nur Entschlossene sind offen. Offen für Leben in Hülle und Fülle, mit Kind und Kegel: Leben mit des anderen Vergangenheit, des anderen Familie, des anderen Beruf, des anderen Narretei, des anderen Last.
Es gibt keine Offenheit ohne Entschluß. Nur Euer Entschluß heute und die Erinnerung daran wird Euch die Stärke geben, die Ihr braucht, um den gefühlvollen Weg des Einanderannäherns immer wieder von vorne zu beginnen mit Phantasie, mit Mut, mit Tränen, mit Schlafen und mit was weiß ich noch allem. Nur Euer Entschluß heute und die Erinnerung daran wird Euch die Schwächen erlauben, ohne die jede Mühe zur bitteren Strenge verkommt. Auch einmal nicht mehr können ist eingeschlossen in Euren Entschluß.
Euren Entschluß?
Mir fällt ein, daß Ihr ja nicht nur Menschen seid, sondern auch Theologen. Und Theologen sprechen von Gott, ich aber habe Euch noch nichts von Gott geschrieben in meiner Liebeserklärung.
Soll ich nun von Gott schreiben?
Da sei Paul Tillich vor, der Meister der Gottesumschreibung. Er sagt mir, daß ich in allen Worten immer auch von Gott geschrieben habe: Gott *ist* Liebe, Punkt. »Grund und Sinn des Seins.« »Unbedingtes.« Als Unbedingter steht er dafür, daß uns in aller Bedingtheit Bedingungsloses gelingt; ohne Wenn und Aber. Sorgen wir uns also lieber um das, was Gott ist, als darum, wie er heißt.
Soweit mein kleines Briefgeschenk an diesem 20. August 1983. Ich freue mich darauf, heute abend mit Euch zusammenzusein.
Noch mehr freut mich die Aussicht, Euch nicht aus den Augen zu verlieren.
Euer Michael.
Diesem Brief braucht der Pfarrer nichts hinzuzufügen. Wie ich Michael kenne, ist es kein Zufall, daß der Brief an der Bibelstelle lag, an der es heißt: Einer trage des anderen Last, so werdet ihr das Gesetz Christi erfüllen.
Ein wichtiges Pauluswort, wichtig für's Leben.
Wichtig wie seine Verfremdung, in der ihr auch zu Hause sein könnt ohne Furcht: Einer belaste des anderen Kraft.

Das Theologen-Ehepaar war mir seit längerer zeit durch Gemeindepraktika und andere Mitarbeit vertraut. Tatsächlich begann ihr Interesse füreinander in einem Paul-Tillich-Seminar. Mit der äußeren Form der Ansprache versuchte ich, der für mich schwierigen Doppelrolle als Pfarrer und Freund Rechnung zu tragen. Den in der Ansprache vorgelesenen Brief habe ich ihnen tatsächlich handschriftlich zur Hochzeit geschenkt.

Michael Becker

Absichtserklärung

Epheser 4,2–3

Wie alles andere auf der Welt, hat auch eine kirchliche Trauung zwei Seiten: eine Außenseite und eine Innenseite.
Die Außenseite betrifft alles, was jeder Anwesende mit seinen Sinnen wahrnehmen kann: den Kirchenraum, den Pfarrer, das Brautpaar, den Ablauf der Feier, die Worte, die Lieder, die Stimmung des Ganzen. Die Innenseite ist nicht so leicht zu erfassen, denn sie ist nicht so anschaulich. Sie hat vielmehr mit dem Verstehen zu tun, also mit der Frage: Was bedeutet das Ganze eigentlich, was versuchen wir auf diesem Wege eigentlich auszudrücken? Zu dieser Frage nach der Innenseite der kirchlichen Trauung möchte ich gerne etwas sagen, denn damit klärt sich zugleich der Sinn und die Bedeutung der äußeren Dinge.
Was die Menschen immer schon empfunden haben und was auch Ihr als die beiden, die es unmittelbar angeht, vermutlich sehr deutlich empfindet, ist die Tatsache, daß das Heiraten einerseits eine ganz persönliche, vielleicht sogar die allerpersönlichste Entscheidung überhaupt ist, die man als Mensch in seinem Leben trifft, denn man vertraut sich und seine Zukunft mit Leib und Seele, Haut und Haar einem Menschen des anderen Geschlechts an, die Frau dem Mann, der Mann der Frau. Das ist eine ungeheuer weitreichende Entscheidung, denn an ihr hängen alle unsere Wünsche und Bedürfnisse nach Glück und Erfüllung, nach Liebe und Vertrauen, nach Verständnis und Angenommensein. Das brauchen wir nämlich, um leben zu können, und wenn das fehlt, fehlt uns ein entscheidendes Stück zu einem wirklich erfüllten, menschlichen Dasein. Insofern kommt dieser Entscheidung, wem man sich anvertraut, so weitreichende Bedeutung zu. Das Spannende an der Sache ist, daß man diese Entscheidung auf Hoffnung treffen muß, denn eine absolute Garantie, daß es gut gehen wird, gibt es nicht. Auch die kirchliche Trauung ist keine derartige Garantie. Sie hat zwar mit diesem Risiko zu tun, aber eine Garantie ist sie nicht. Was sie dann ist, wird, so hoffe ich, noch deutlich werden.
Neben dieser ganz persönlichen Bedeutung, die das Heiraten für die Beteiligten hat, steht aber noch ein anderer Gesichtspunkt, der in seiner Bedeutung über Euer individuelles und persönliches Leben weit hinausreicht, auch wenn er von Euch als Personen nicht zu trennen ist. Und das hat mit dem Umstand zu tun, daß jede Heirat den Versuch darstellt, die älteste Spaltung zu überwinden, die die Menschheit kennt: die Spaltung zwischen Mann und Frau.
Wir gehen ja davon aus – zumindest die drei großen Weltreligionen

Judentum, Christentum und Islam tun dies –, daß die Welt auf einen Ursprung zurückzuführen ist, den wir Gott nennen. Auf ihn führen wir die Ordnung zurück, die wir in der Welt vom Atom bis zum Kosmos erkennen. Wie und wo wir uns Gott vorstellen, ob wir das überhaupt können oder sollen, ist eine andere Frage. Immerhin steht in der Bibel als erstes Gebot, daß wir uns kein Bild von ihm machen sollen. Es steht aber auch in der Bibel – und deswegen wird es bei jeder Trauung vorgelesen! –, daß Gott den Menschen als Mann und Frau geschaffen habe, was so viel bedeutet, daß beide zusammen erst den Menschen darstellen, auch wenn jeder für sich existenzfähig ist. Wer heiratet, steigt also in eine Unternehmung ein, die, um es einmal in modernen Begriffen auszudrücken, von Gott selber programmiert ist. Oder, in der Sprache der Kirche formuliert: Ihr beteiligt Euch mit Eurer Ehe an der Weiterschöpfung der Welt, Ihr werdet sozusagen Gottes Mitarbeiter bei dem Plan, den Menschen zu verwirklichen in dem Zusammenleben von Mann und Frau.

Es liegt in der Natur der Sache, daß man das nicht mit einer beliebigen Anzahl von Partnern verwirklichen kann, denn diese Aufgabe ist so schwierig und so kompliziert, daß man froh sein kann, wenn man es im Laufe seines Lebens mit dem einen, für den man sich entschieden hat, wenigstens ansatzweise schafft. Daher rührt vermutlich auch diese tiefe innere Befriedigung, die wir empfinden, wenn ein Ehepaar seine silberne oder gar goldene Hochzeit feiern kann. Dieses Gefühl der Befriedigung hängt doch damit zusammen, daß es hier zwei Menschen, einem Mann und einer Frau, offensichtlich geglückt ist, sich an dieser Hausaufgabe Gottes erfolgreich zu versuchen und ein Stückchen der Einheit, die Gott im Sinn hatte, als er den Menschen als Mann und Frau schuf, zu verwirklichen.

Darum sollt und dürft auch Ihr das so empfinden und jedesmal, wenn Ihr das Gefühl habt, innerlich übereinzustimmen, Euch sagen, daß es zugleich im tiefsten mit dem übereinstimmt, was Gott eigentlich im Sinn hat. Dann ist die Welt, wie man so sagt, »in Ordnung«, und zwar nicht nur für Euch beide ganz persönlich, sondern dann ist tatsächlich die Welt in Ordnung in dem Sinne, daß an einer Stelle, nämlich in Eurer Ehe, die Einheit vorhanden ist, die Gott gemeint hat, als er die Welt schuf.

Darum ist es umgekehrt so traurig, wenn eine Ehe scheitert, weil dann eben nicht nur die persönlichen Hoffnungen und Bedürfnisse der Beteiligten auf der Strecke bleiben und beide meistens seelische Verletzungen davontragen, sondern weil dann eben auch die Welt nicht mehr in Ordnung ist, insofern als an dieser Stelle die Einheit zerbricht, die die Welt im innersten zusammenhält, und weil das Gottes Vorstellungen zuwiderläuft.

Ich denke, daß jetzt verständlich wird, was die Innenseite einer kirchlichen Trauung ausmacht: Es geht dabei um den Versuch, Euch als Brautleuten und allen, die als Zeugen dieses Vorgangs anwesend sind, deutlich zu machen, auf was Ihr Euch mit Eurer Heirat eigentlich einlaßt. Deshalb werdet Ihr ja gefragt, ob Ihr bereit seid, »einander aus Gottes Hand zu nehmen, zu lieben und zu ehren, in Freud und Leid nicht zu verlassen und den Bund Eurer Ehe heilig und unverbrüchlich zu halten, bis daß der Tod Euch scheidet«, ob Ihr m.a.W. das auch so seht, daß Eure Ehe ein Stück Mitwirkung an der Herstellung der Einheit darstellt, und ob Ihr deshalb bereit seid, sie als eine Art lebenslanger Hausaufgabe zu betrachten, die Gott Euch stellt und in die Ihr alles investieren könnt, was Ihr an Liebe, Fantasie, Humor, Geduld und Tragfähigkeit aufzubieten habt. Das Ja, das Ihr dazu sprecht, ist eine Absichtserklärung, es so zu versuchen, mehr kann und darf es nicht sein. Ihr gebt diese Erklärung nicht der Kirche gegenüber ab, sondern »vor Gott und diesen Zeugen«, die wissen sollen, wie Ihr's meint. Die Kirche ist lediglich die Organisation, die den Rahmen bereitstellt und Formen entwickelt hat, eben die Außenseite, mit deren Hilfe ausgedrückt werden soll, worum es eigentlich geht.

Und was nun Euren Trauspruch angeht, den Ihr Euch gewählt habt: Ich denke, daß er durch das, was ich bisher gesagt habe, seinen richtigen Stellenwert erhält und daß er damit auch schon ein Stück weit ausgelegt ist. Denn das ist nun klar, warum es so wichtig ist, einander in der Liebe zu ertragen und sich darum zu bemühen, die Einigkeit im Geist zu wahren durch das Band des Friedens: Weil diese Einigkeit das innerste Ziel der Schöpfung ist und den Absichten Gottes mit seinen Menschen entspricht. Wobei die »Einigkeit im Geist« das Entscheidende ist. Solange Ihr Euch immer wieder neu darüber verständigen könnt, Eure Ehe so zu sehen und die Herausforderung anzunehmen, Euch immer wieder neu an die Herstellung der Einheit zu wagen, so lange bedeuten Konflikte keine Gefährdung. Solange Ihr beide auf diesem Fundament steht, wird es Wege und Möglichkeiten geben, entstehende Konflikte zu lösen.

In diesem Sinne enthält Euer Trauspruch mit dem Stichwort »bemühen« bereits einen Hinweis auf den Alltag Eurer Ehe und darauf, daß es einer bewußten Bemühung von beiden Seiten bedarf, wenn die Beziehung lebendig bleiben soll. Aber da Ihr selber Euch gerade diesen Trauspruch gewählt habt, ist anzunehmen, daß Ihr bereit seid, Eure Ehe in diesem Geiste zu führen.

Was ich Euch wünsche, was wir Euch wünschen, sind Erfahrungen, die Euch ermutigen, auf diesem Wege, den Ihr mit Eurer kirchlichen Trauung einschlagt, weiterzugehen und Euch auch durch Rückschläge und Schwierigkeiten nicht entmutigen zu lassen. Es gehört zu den großen

Geheimnissen der Ehe, daß die Einheit, die da entsteht, etwas ist, das weder nur Sache des einen noch nur Sache des anderen, sondern etwas Drittes ist, das Ihr beide eines Tages voller Erstaunen wahrnehmen und als eine Frucht begreifen könnt, die Gott denen schenkt, die bereit sind, sich als seine Mitarbeiter an der Verwirklichung seiner Absichten zu beteiligen. Er schenke Euch seinen Segen.

Geschrieben und gehalten für ein junges Paar aus einer der zum Kirchspiel gehörenden Filialgemeinden, ein Dorf von knapp 250 Einwohnern. Er Elektromeister, sie Verkäuferin, ihre zweite Ehe, seine erste. Den Text wählten sie aus dem »Textbuch für Prediger«, eine Sammlung von Bibelstellen zur Verwendung in Predigt und Kasualrede, Calwer Verlag, Stuttgart 1978.

Jochen Rieß

Freundlichkeit und Vergebung

Epheser 4,32

Ein so bedeutsames und so entscheidendes Ereignis wie eine Eheschließung bietet Verwandten, Bekannten und Freunden ja im allgemeinen reichlich Anlaß, dem jungen Paar einige Ratschläge mit auf seinen gemeinsamen Weg zu geben.

Das ist, glaube ich, ganz normal, weil allen ja auch wirklich etwas daran liegt, daß das, was Sie beide sich vorgenommen haben, daß Ihre Ehe auch wirklich gelingt.

Ich könnte mir vorstellen, daß Sie, liebes Ehepaar, das vor einem knappen halben Jahr, bei Ihrer standesamtlichen Trauung, *auch* so erlebt haben.

Daß Sie von Ihren Eltern, von Ihren Geschwistern, von Verwandten und Freunden ein paar »passende« Worte zu hören bekamen, ein paar Tips, ein paar Ratschläge eben. Kurzum: daß viele Menschen ein bißchen von ihren eigenen Erfahrungen an Sie weitergeben wollten.

Ich weiß nicht, wie das nun heute sein wird. Inzwischen sind Sie ja schon eine ganze Weile miteinander verheiratet und haben eigene Erfahrungen in und mit Ihrer Ehe machen können.

Aber trotzdem. Trotzdem will ich Sie auch heute nicht gehen lassen, ohne Ihnen einen Ratschlag, einen Tip, einen Wunsch für Ihre gemeinsame Zukunft mit auf den Weg zu geben.

Ein Wunsch, der eigentlich nicht von mir stammt; ein Wunsch aber, den

ich gern und aus voller Überzeugung nach- und mitzusprechen bereit bin.
»Seid zueinander freundlich und herzlich und vergebt einer dem andern, wie auch Gott euch in Christus vergeben hat.«
Diese Worte stehen im Brief des Paulus an die Gemeinde in Ephesus, sind also an eine große, eine vielköpfige Gemeinschaft gerichtet und nicht »nur« an ein einzelnes Paar, wie Sie es sind.
»Seid zueinander freundlich und herzlich und vergebt einer dem andern, wie auch Gott euch in Christus vergeben hat.«
Was Paulus einer ganzen Gemeinde ans Herz legt, was er für den gegenseitigen Umgang im großen empfiehlt, das, meine ich, gilt um so mehr noch für den gegenseitigen Umgang im kleinen, für das gemeinsame Miteinander zweier Menschen, für das Zusammenleben in einer Ehe. Das kann wirklich ein Leitfaden, eine Richtschnur, eine Losung für Sie beide werden.
Was mir persönlich so gut an diesem Wort gefällt, ist, daß hier keine unerfüllbaren, keine überhöhten Forderungen gestellt werden. Es wird ja nichts Übermenschliches verlangt.
»Seid zueinander freundlich und herzlich« – das ist doch eigentlich das Selbstverständlichste, das Minimum, dessen es bedarf, um sich in einer Gemeinschaft richtig wohlfühlen zu können, um gern und mit ganzem Herzen »wir« sagen zu können.
Das »Ja«, das Sie, liebes Ehepaar, heute zueinander sagen wollen und werden, soll für Sie ein verbindliches »Ja« sein. Das soll ein Versprechen sein, das ein für allemal, bis an Ihr Lebensende gelten soll. Das jedenfalls haben Sie sich ganz fest vorgenommen. Daran wollen Sie festhalten.
Vielleicht, ja, hoffentlich, kann Ihnen Ihr Trauspruch helfen, diesen guten und schönen Vorsatz auch einzuhalten.
Vielleicht kann er Ihnen helfen, indem Sie Ihr Verhalten, Ihren Umgang miteinander täglich immer wieder an dem messen, was Paulus Ihnen wünscht, was ich Ihnen wünsche und was letztendlich ja auch Sie selbst sich wünschen.
Freundlichkeit und Herzlichkeit – aber auch die Bereitschaft, sich, wenn Sie es daran einmal haben fehlen lassen, dann gegenseitig zu vergeben.
Diese Wünsche, das sind keine Träume, die eines Tages, weil sie zu gewagt waren, wie Seifenblasen wieder zerplatzen müssen; sondern das sind Absichten, die Sie in Ihrem Ehealltag auch verwirklichen können, ohne Angst haben zu müssen, sich selbst dabei zu überfordern.
»Seid freundlich und herzlich zueinander« – dieser Trauspruch, dieser Wunsch, verlangt nicht zuviel von Ihnen. Im Gegenteil.
Er geht von dem Zustand aus, den Sie beide jetzt erleben; von der Art und Weise, wie Sie miteinander umgehen, seit Sie sich kennen.

Und daran soll sich natürlich – wenn's nach Ihnen geht, und das wünschen Ihnen sicher alle hier in diesem Gottesdienst Versammelten – nach Möglichkeit auch nichts ändern.
Auf der anderen Seite sind Sie sich beide aber auch dessen bewußt, daß Sie nicht in die Zukunft blicken können; daß Sie heute noch gar nicht voraussehen können, was auf Sie einmal zukommen wird, und daß ja theoretisch einmal alles ganz, ganz anders werden kann, als Sie es sich heute vorstellen und vornehmen.
Auch Ihre Ehe kann und wird Belastungen aushalten müssen, die vorher gar nicht abzusehen sind. Belastungen, die sich allein schon durch den Beruf, vielleicht auch durch Kinder oder auch durch Eltern ergeben. Belastungen, die sich ergeben, weil nicht nur Ihr Partner, sondern auch und immer wieder viele andere Mitmenschen Sie in Anspruch nehmen werden, etwas von Ihnen wollen, etwas von Ihnen erwarten.
Und Sie werden dann unter Umständen manchmal erleben müssen, wie Ihre guten Vorsätze, Ihre gegenseitige Freundlichkeit und Herzlichkeit dabei auf der Strecke bleiben.
Und in solchen Situationen, liebes Ehepaar, rät Ihnen der Verfasser Ihres Trauspruchs: »Vergebt einander, wie euch auch Gott in Christus vergeben hat«.
In Situationen, in denen Sie spüren, daß Sie sich gegenseitig Unrecht getan haben – Unrecht getan auch und weil Sie es eben an der gebotenen Freundlichkeit und Herzlichkeit haben fehlen lassen.
Da rechnen Sie sich, bitte, nicht gegenseitig die »Sünden« und die bösen Worte des vergangenen Tages vor, sondern da ziehen Sie, bitte, einen Schlußstrich unter das, was war, und fangen wieder neu an, so zu leben, daß Sie gegenseitig merken, welche Freude Sie aneinander haben.
»Vergebt einer dem andern, wie auch Gott euch in Christus vergeben hat.«
Diesen Christus können Sie sich zum Vorbild nehmen. Wie er sich all denen gegenüber verhalten hat, die zu ihm gekommen sind mit all ihren Sünden, ihrer Schuld, mit dem Unrecht, das sie anderen zugefügt hatten, und wie er ihnen allen durch seine Vergebung, durch seine Gemeinschaft und durch seine Liebe einen neuen Anfang ermöglicht hat – daran können Sie sich orientieren.
»Vergebt einer dem andern, wie auch Gott euch in Christus vergeben hat.«
Geben Sie das Geschenk, das wir von Gott erhalten haben, weiter. Geben Sie es weiter, ohne erst Bedingungen zu stellen, Entschuldigungen zu verlangen und Erklärung zu erwarten. Geben Sie es weiter zum Zeichen Ihrer gegenseitigen Liebe.
Einer Liebe, einer Freundlichkeit und einer Herzlichkeit, die – und das

wünsche ich Ihnen von ganzen Herzen – in Ihrer Ehe so sehr überwiegen möge, daß Sie sich nur in den allerseltensten Fällen auf den zweiten Ratschlag in Ihrem Trauspruch zu besinnen brauchen.

Im Gespräch mit den Eheleuten (er: 27 Jahre, sie: 19 Jahre) hatte ich den Eindruck gewonnen, die Ehe könnte durch die völlig unterschiedlichen Charaktere der beiden Partner, aber vor allem auch durch Schwierigkeiten mit den Eltern beider großen Belastungen ausgesetzt sein; größeren Belastungen jedenfalls, als man das sonst im Augenblick der Eheschließung erwarten darf.

Eckhard Herrmann

Wachsende Liebe

Philipper 1,9

Bibelworte (auch Bibelworte zur Trauung) können vielerlei Gestalt haben, die Gestalt einer Verheißung oder einer Mahnung, eines Appells: sie können eine Glaubensgewißheit aussprechen . . . Dies Wort, das Ihr Euch ausgesucht habt, ist eine Fürbitte, genauer gesagt: die *Versicherung, daß wir für Euch,* Eure Liebe und Gemeinsamkeit *beten wollen.*

Fürbitte ist eine besondere Weise der Zuwendung und Anteilnahme. Wir nehmen Gottes Möglichkeiten (die die unsern weit übertreffen) in Anspruch für Euch, nehmen Gott beim Wort, erinnern ihn an seine Zusagen, an sein Ja zu Euch beiden und zu Eurem Zusammengehören. Fürbitte ist für mich die intensivste Form, an Euch beiden Anteil zu nehmen, ganz intensiv und doch mit genügend Distanz, daß wir in den Raum, der Euch beiden allein gehören soll, nicht eindringen. Ihr habt dies Bibelwort ausgesucht und uns – vielleicht unbewußt und unbeabsichtigt – darum gebeten, nun sollt Ihr wissen, daß wirs gerne für Euch tun wollen: Wir beten darum, »daß Eure Liebe zueinander mehr und mehr reich werde an Erkenntnis und aller Erfahrung.«

Was bitten wir da eigentlich? – Mich fasziniert das »mehr und mehr«. Gute Aussichten: Liebe kann mehr und mehr werden, kann wachsen, reicher und größer werden. Es muß also nicht so sein, daß Liebe als großes Geschenk plötzlich vom Himmel fällt – und dann langsam dahinschmilzt wie Schnee in der Märzsonne. Liebe kann wachsen wie ein Baum. Sie keimt, wächst (vielleicht muß man am Anfang mit dem empfindlichen Pflänzchen noch etwas vorsichtig umgehen!), es kommen

Blütezeiten, andre Zeiten, wo man reife Früchte ernten kann, dann wieder Ruhezeiten ... und wenn man nicht zur falschen Zeit Blüten und Früchte erwartet, wird man nicht enttäuscht werden, sondern erlebt staunend und beglückt, daß Liebe von Jahr zu Jahr wächst, sich verwandelt, reichere Blüten und Früchte bringt, – und dann kann man vertrauensvoll und gelassen auch die Ruhezeiten annehmen, wo sich scheinbar wenig rührt. Solch einem Baum, dem man Zeit läßt zu wachsen, darf man dann auch zutrauen, daß er Stürmen standhält, Dürreperioden und die Kälte von Wintermonaten aushält. Unserer Liebe können solche Belastungen zugemutet sein. – Jeder von Euch beiden mußte auf verschiedene Weise solch dunkle und belastende Erfahrungen bereits machen. – Auch von diesen Dingen gilt wohl:

»Dunkles und Traurigkeiten lehren, Warten zu können,
Warten können bringt Bewährung.
Bewährung läßt Hoffnung erfahren,
Hoffnung, die nicht enttäuscht wird –
um der Liebe Gottes willen
die in unser Herz gegossen ist«. (Römer 5,3–5)

Es bleibt dabei: Liebe kann wachsen, kann mehr und mehr werden, weil Gottes Geist, der Liebe schenkt und liebesfähig macht, unerschöpflich ist.

»... daß eure Liebe reich werde an Erkenntnis und Erfahrung ...«. Was mögen das für Kenntnisse und Erfahrungen sein? »Erkenntnis« ist in diesem Zusammenhang sicher nichts Abstraktes und Theoretisches: »Erkennen« sagt die Bibel auch dann, wenn sie vom Beieinandersein von Mann und Frau spricht!

Im Zusammenleben lernt man einander und sich selbst kennen, entdeckt bei sich selbst und dem andern neue Seiten, neue Möglichkeiten – aber auch Grenzen, Schatten und Schuld, von denen man vorher kaum etwas ahnte. Dennoch: auch das kann dann wieder zur Quelle von beglückenden Erfahrungen werden, der Erfahrung von gegenseitigem Verzeihen, von Liebe, die den andern selbst dann aushält und annimmt, wenn der einmal schwierig und gar nicht »liebenswürdig« ist. Liebe wird zum Feld von Glaubenserfahrungen, und Glaubenserfahrungen werden umgekehrt fruchtbar für das Miteinander, für neue gegenseitige Liebe. Erfahrene Gottesliebe – wie sie uns in Jesus Christus begegnet ist – macht uns dann selbst großherzig und liebesfähig. Bittere Erfahrungen – sie gehören dazu – machen uns dann nicht hart, sondern sensibler.

Enttäuschungen – sie bleiben nicht aus – bringen uns dann nicht dazu, uns zurückzuziehen, sondern mit dem Empfindlichen und Kostbaren unserer Liebe desto behutsamer umzugehen.

Im Vertrauen auf die Unerschöpflichkeit des Geistes Gottes und des

Geistes Jesu Christi beten wir darum, daß Ihr solch vielfältige beglükkende Erfahrungen wachsender, reicher werdender Liebe macht, »erfahrene Liebhaber« werdet. »Erfahrene Liebhaber« – nicht von der Art, die schon alles zu wissen und zu können meinen, sondern solche, die auf Entdeckungsfahrt sind: Was für Schätze werden wir in unserer Liebe und Gemeinsamkeit entdecken? Welche wunderbaren Wandlungen wird sie durchmachen in den nächsten 10, 25 oder 40 Jahren? Die Schätze liegen bereit – so wahr Gott verschwenderisch reich und großzügig an Liebe und Güte ist. Freut Euch darauf, diese Schätze miteinander zu entdecken und zu heben! – Wir jedenfalls beten darum, »daß Eure Liebe mehr und mehr reich werde an Erkenntnis und aller Erfahrung«.

Klaus Zillessen

Auf der Suche nach Sinn

Philipper 2,1–4

Endlich ist es soweit. Die kirchliche Trauung kann stattfinden. Lang diskutiert, umstritten, schließlich beschlossen und dann verschoben, nun im zweiten Anlauf doch noch zustande gebracht – diese Feier heute hat eine lange Geschichte.
Daß diese Geschichte nun einen für Sie alle guten Ausgang nimmt, ist Voraussetzung dafür, daß Sie sich heute freuen und wirklich ein Fest feiern können. Auch wenn sich die Bedingungen im Laufe der Zeit gewandelt haben. Denn Sie, liebes Ehepaar, sind ja standesamtlich fast ein Jahr lang schon verheiratet. Da kann Ihnen allein durch den Anblick eines Talars noch nicht wie Braut und Bräutigam zumute sein. Der Start, der Anfang des gemeinsamen Weges liegt hinter Ihnen. Dahin können wir mit unserer Feier nicht noch einmal zurückkehren. Der Rahmen hat sich geändert. Aber Begründungen und Absichten, Ihre Hochzeit auch in der Kirche zu feiern, sind geblieben.
Davon soll ruhig auch die Rede sein. Denn ich denke, daß trotz mancher harten Auseinandersetzung ganz am Anfang Sie längst soviel Übereinstimmung gefunden haben, daß Sie ohne Zorn daran zurückdenken können. Oder noch mehr: Daß Sie inzwischen wissen: So wie Sie sich als Ehepaar miteinander und mit Eltern und Schwiegereltern über das Für und Wider kirchlicher Trauung auseinandergesetzt haben, so läßt sich auch in anderen Fragen miteinander auskommen.

Indem eben nicht einer sich durchsetzt und der andere um des Friedens willen klein beigibt; sondern indem so lange miteinander geredet wird, indem so lange einer den anderen in seiner Art des Denkens und Argumentierens zu verstehen sucht, bis ein für alle Beteiligten gangbarer Weg gefunden ist. Oft scheint es leichter, um strittige Fragen große Bogen zu schlagen und kontroverse Themen auszuklammern. Aber gemeinsam ein Stück weiter kommt man wohl nur, wenn man sich der Auseinandersetzung stellt.

Was wäre das hier für eine Veranstaltung, wenn alle wüßten, daß sie nur aus Rücksichtnahme stattfindet. Aber so ist es nicht. Im Gegenteil. Und ich finde, darüber können Sie sich freuen. Anfangs waren Sie es, lieber Herr J., der bei der kirchlichen Trauung Grundsätze gewahrt haben wollte. Und Sie, lieber Herr V., sahen sich Erwartungen gegenüber, die Sie aufgrund Ihrer unreligiösen Erziehung nicht teilen konnten. Aber dann haben Sie alle auf Gefälligkeitsentscheidungen verzichtet.

Ich denke an die Gespräche zurück, die wir dazu vor einem Jahr geführt haben. Als Einigkeit erzielt war, wurden Sie, lieber Herr J., krank. Und die Hochzeit fand noch einmal anders als geplant statt. Wenn Sie nun, nach Ablauf von fast zwölf Monaten, den damals ausgefallenen Teil Ihres Hochzeitsfestes nachholen, können Sie sich auf den damals erreichten Konsens verlassen.

Sie, liebes Ehepaar, wissen, daß Sie aus eigener und freier Entscheidung hier sitzen. Sie wissen, wie jeder von Ihnen unterschiedlich versteht, wenn wir hier beten und Gott um seinen Segen bitten. Und Sie, liebe Familie J., Sie wissen inzwischen, woran Sie mit Ihren Kindern sind. Was Ihnen erst fremd war, das Fehlen des religiösen Verstehens, des Glaubens an Gott, das können Sie bei Ihrem Schwiegersohn inzwischen besser akzeptieren.

Sie kennen sich nun. Sie wissen, daß einer sich auf das Wort des anderen verlassen kann. Und daß sie es alle nicht daran fehlen lassen möchten, den anderen in seinem Anderssein zu verstehen und zu akzeptieren.

Denn ich denke, die Debatte um die kirchliche Trauung ist nur ein Beispiel dafür, wie Sie bei unterschiedlichen Auffassungen, Wertungen, Verhaltensweisen miteinander umgehen wollen. Und diese Erfahrung gehört ja zur ehelichen Alltagspraxis: Mein Ehepartner ist anders als ich, er fühlt anders, er reagiert anders, er entwickelt sich anders weiter als ich, er begegnet anderen Problemen als ich, er hat andere Erfolge und Mißerfolge als ich und ist manchmal zufrieden, wenn ich belastet bin, oder auch traurig, wenn es mir gerade gut geht.

Da ist es gar nicht selbstverständlich, als Ehepaar Gleichklang zu erleben und, vor allem auf Dauer, Verständnis zu geben und zu empfangen. Wieviel Geduld das erfordert, Kraft auch und Fähigkeit zum Zuhören und

auf den anderen Eingehen, das haben Sie, liebes Ehepaar V., inzwischen viele Male erfahren.
Sie haben sich auch am Anfang des gemeinsamen Weges keine hochgestochenen Illusionen gemacht, so haben Sie mir gestern gesagt. Aber trotzdem hat sich nach einem Jahr Ihr Bild von der Liebe verschoben. Liebe kann unter den Belastungen des Alltags leicht verkümmern und erdrückt werden. Und wer wie Sie beide den ganzen Tag berufstätig ist, in der Woche wenig Zeit hat und eigentlich erst am Wochenende zu sich selbst findet und auf den Partner zugehen kann, der weiß: Wenn wir uns nicht umeinander bemühen, aufeinander achten und genug miteinander reden, dann wäre trotz aller Liebe das Normale eher, wenn die Wege immer weiter auseinanderführen.
Aber daran wollen Sie es nicht fehlen lassen. So verstehe ich auch jenen Bibeltext aus dem Philipperbrief, den Sie sich ausgesucht haben und auf den Sie sich beide gut verständigen konnten. »Seid eines Sinnes, habt diesselbe Liebe, seid einmütig und einträchtig, tut nichts aus Eigennutz oder Ruhmsucht, sondern in Demut achte einer den anderen höher als sich selbst, und ein jeder sehe nicht auf das Seine, sondern auf das, was dem andern dient.«
Das soll in Erfüllung gehen. Davon haben Sie schon einiges erfahren und ausprobiert. So soll es zwischen Ihnen auf Dauer bleiben oder besser: an jedem Tag neu werden. Am Mut dazu fehlt es Ihnen nicht. Und ich weiß, daß auch Ihre Angehörigen daran nicht zweifeln, daß Sie davon etwas verstehen: *eines* Sinnes zu sein und dieselbe Liebe zu haben. Sonst hätten Sie, liebe Frau J., mir vor ein paar Tagen, als wir uns an der Straßenecke unterhielten, nicht so vorbehaltlos gesagt, wie sehr Sie mit Ihrer Tochter und mit Ihrem Schwiegersohn zufrieden sind.
Trotzdem ist mit Mut und gutem Willen allein das Leben, erst recht zu zweit, noch nicht zu bestehen. Sie werden neben allem eigenen Bemühen Glück brauchen, Segen. Anders als Ihre Frau können Sie, lieber Herr V., sich nicht vorstellen, daß es so etwas wie Fügung durch eine höhere Macht in unserem Leben gibt. Was Ihr Trauspruch sagt, finden Sie beide richtig. Was das mit Gott zu tun hat, deuten Sie verschieden. Zwei verschiedene Standpunkte? Folgen unterschiedlicher Erziehung? Sicher auch.
Aber damit ist das Thema nicht zu Ende. Und darum hat es mir Spaß gemacht, mich mit Ihnen darüber auseinanderzusetzen und zu streiten. Ich wollte Ihnen deutlich machen: Was Sie im Glauben trennt, bleibt trotzdem für Sie beide eine Lebensaufgabe. Denn auch ein Christ versucht ja nichts anderes als alle anderen Menschen auf der Welt auch: sein Leben zu verstehen. Die Alltagserfahrungen mit ihren niederdrükkenden Schicksalsschlägen und ihren erhebenden Glücksbegegnungen

zu deuten. Sie in ein größeres Ganzes einzuordnen. Sinn zu entdecken. Der christliche Glaube gibt Antworten auf Fragen, die alle Menschen stellen. In den Fragen werden Sie sich nahe sein. Und bei den Antworten? Nun, da reicht der Standpunkt nicht aus. Glaube ist der Versuch, die Tragfähigkeit solcher religiösen Antworten auszuprobieren.
Und weil niemand nur vom Fragen leben kann, würde ich mich gern noch länger um die Antworten mit Ihnen streiten. Um die Antworten, die wir außer mit Reden vor allem durch unser Leben geben. Worauf sich einer verläßt, das ist sein Gott, hat Martin Luther einmal gesagt. Und wer kann ohne Verlaß leben?
Der Segen, den ich Ihnen nachher zuspreche, ist ein Angebot, sich auf Gott, den Vater Jesu Christi, zu verlassen. Auf jenen Gott, unter dem wir alle uns schwer etwas vorstellen können, der uns fremd bleibt und fragwürdig, von dem wir aber aus den Erfahrungen der Menschen vor uns auch wissen: Er ist die Liebe selbst. Er ist der Grund allen Lebens. Das Geheimnis unserer Welt.
Da stehen sich nicht Wissende und Nichtwisser gegenüber. Höchstens Glaubende und Zweifler, Hoffende und Skeptiker, und oft genug sind wir beides zusammen und gemeinsam Suchende.
Mit dem Segen Gottes möchte ich Sie beide, liebes Ehepaar V., am liebsten auf die Suche schicken, soweit mir das mit Worten gelingen kann. Denn Sie wollen ja nicht auf Standpunkten beharren. Sie wollen gemeinsam durchs Leben gehen.
Warum sollten Sie den Geheimnissen der Welt nicht durch gemeinsame Erfahrung näher kommen? Und sei es, daß Sie entdecken: Auch Ihre Liebe kommt von Gott. Sie reicht weiter als das Gefallen, das Sie aneinander finden. Sie gehen auf einem gemeinsamen Grund. Ja, Gott ist Liebe. Was Sie miteinander erleben, gibt Ihnen Anteil auch an Gott. Als Liebende leben Sie vor, daß es in der Welt Verlaß gibt und Treue sich lohnt. Sie wagen ein Stück zu glauben, auch wenn Sie dabei nicht von Gott reden wollen. Aber sein Segen gilt Ihnen trotzdem. Und Sie werden sehen: Der wird Folgen haben. Gott wird mit Ihnen sein. Durch ihn leben Sie und wir alle. Durch ihn soll Ihre Liebe glücklich bleiben.

Andreas Seifert

In der Gesinnung Jesu

Philipper 2,2–4

Im Brief des Apostel Paulus an die Philipper heißt es im 2. Kapitel, Vers 2–4: . . .
Sie haben sich diese Sätze, die Paulus an eine seiner Gemeinden schrieb, als Trauspruch ausgesucht. Ich denke mir, Sie verbinden damit den Wunsch: So einträchtig und harmonisch, so liebevoll und friedlich soll es auch in unserer Ehe zugehen. Ein schöner Wunsch – aber vielleicht auch ein gefährlicher. Oft ist die Wirklichkeit nicht so – weder in einer christlichen Gemeinde noch in einer Ehe, ob sie nun christlich ist oder nicht. Oft sind weder Ehepartner noch Gemeindemitglieder eines Sinnes. Oft gibt's keine Eintracht, sondern Streit. Oft fällt es schwer, den anderen höher zu achten als sich selbst und nur an den anderen zu denken. Sie beide kennen sich gut, und Sie leben schon seit Jahren zusammen. Ich finde, das ist eine gute Chance, realistisch und ohne Illusionen miteinander eine Ehe zu beginnen. Aber Sie werden auch erfahren haben: Ein Herz und eine Seele miteinander sein – das geht gar nicht, ist höchstens die Ausnahme, aber wohl nie die Regel. Ehen werden im Himmel geschlossen und auf Erden geführt, sagen wir. Und zur irdischen Wirklichkeit einer Ehe gehört auch, daß man merkt: Es gibt Meinungsverschiedenheiten, es gibt Streit, es gibt das berechtigte oder unberechtigte Gefühl, vom anderen nicht verstanden zu werden. Zur irdischen Wirklichkeit einer Ehe gehört auch, daß einer den anderen aus Versehen oder absichtlich kränken und ihn verletzen kann. Auch die Ehe wird manchmal zum Ort eines Machtkampfes, bei dem es darum geht, wer recht behält, wer das Sagen hat, wer über den anderen bestimmt und herrscht. Es hat keinen Zweck, davor die Augen zu verschließen. Es wäre gefährlich, die Ehe, die auch Sie auf Erden führen werden, an einem himmlischen Idealbild von Eintracht und Harmonie zu messen, dem wir alle uns wahrscheinlich nur in seltenen Sternstunden nähern können. Auch der Apostel Paulus weiß, wieviel Streit und Uneinigkeit es in seinen Gemeinden gibt. Aber er mißt diese Realität an der Wirklichkeit Jesu Christi. Mit Jesus ist jene vollkommene Liebe in unsere Welt gekommen. Jesus hat gelebt als ein Mensch, der nicht zu herrschen und zu unterdrücken brauchte, der dasein konnte für andere bis zur eigenen Selbstaufgabe, bis zu seinem Tode am Kreuz. Und Menschen, die Christen sind und an Jesus glauben, sollen sich von dieser Gesinnung Jesu anstecken und leiten lassen. Nie werden wir aus eigener Kraft so lieben können, wie dieser Jesus von Nazareth geliebt hat, so selbstlos und vollkommen. Aber

von dieser Liebe Jesu geht eine verwandelnde Kraft aus, auf die wir uns einlassen und der wir uns anvertrauen können. In diesem Sinne spricht Paulus zu seiner Gemeinde von Einmütigkeit und Eintracht, von Demut und Dienst; davon, den anderen höher zu achten als sich selbst. Das ist kein Zustand, der jemals auf Dauer zu erreichen ist, nichts, was wir mit eigener Kraft und ein bißchen gutem Willen herstellen könnten. Paulus stellt seiner Gemeinde Jesus Christus als Bild göttlicher Liebe vor Augen, zeigt uns allen das Ziel, zu dem wir unterwegs sind – und den Ursprung, von dem her wir kommen.

Ich finde das hilfreich – auch für Menschen, die miteinander verheiratet sein wollen. Sie brauchen keine »Ein-Herz-und-eine-Seele-Ehe« miteinander zu führen. Sie brauchen sich nicht zu fürchten vor Mißverständnissen, Meinungsverschiedenheiten, Streit und Schuld. Das alles wird nicht ausbleiben, weil sie auf Erden und nicht im Himmel miteinander leben. Ich vermute zwar, daß Menschen, die sich auf die Kraft der Liebe Jesu einlassen, auch weniger streiten müssen und besser vor der Versuchung geschützt sind, übereinander herrschen zu wollen. Aber wahrscheinlich bewährt sich christlicher Glaube im Umgang miteinander gerade dann, wenn etwas geschehen ist, womit der eine den anderen verletzt hat. Denn die Liebe Gottes, die mit Jesus Christus in unsere Welt gekommen ist, schenkt uns den Mut, einander zu vergeben und neu miteinander anzufangen, Schuld vergangen sein zu lassen und nicht ständig wieder hervorzukramen und dem anderen unter die Nase zu reiben. »Liebende leben von der Vergebung«, hat jemand gesagt. Daß Sie beide von dieser Kraft leben können, wünsche ich Ihnen. Dann brauchen Sie keine Angst um Ihre Ehe zu haben. Dann kann Einmütigkeit und Eintracht immer wieder hergestellt werden. Dann kann man es wagen, auch über Enttäuschungen und Ärger zu reden, die man über den Partner empfindet. Dann kann man miteinander leben und sagen: Wie gut, daß es Dich gibt. Wie gut, daß Du mein Mann, wie gut, daß Du meine Frau bist. Wie gut, daß wir miteinander verheiratet sind und füreinander dasein können. Ich wünsche Ihnen, daß Sie in Ihrer Ehe von dieser Kraft leben können, die uns immer wieder zur Freude aneinander und zum Dank füreinander führt.

Heinz-Dieter Knigge

Wir sind Anfänger

Philipper 3,12

Der Hochzeitstag ist der Tag des Fürwortes. Ab heute hat das Fürwort »mein« eine neue, bis dahin nicht gekannte Valuta. Was war das für ein Gefühl, als Sie seit gestern – nach dem Standesamt – zum erstenmal von »meinem Mann« und »meiner Frau« sprachen? Dieses »mein« ist doch etwas anderes als »mein« Buch oder »mein« Auto oder »mein« Beruf. Wir lernten in der Schule, »mein« ist besitzanzeigend. Der Ehepartner – mein Besitz? »Du wirst mich nie verlieren, weil du mich nie festhalten wolltest«, sagte eine Frau zu ihrem Mann.
»Nicht, daß ich's schon ergriffen habe oder schon vollkommen sei«. Nicht, daß ich den Partner schon ergriffen, ganz für mich habe, ich jage ihm aber nach – nicht, daß er ganz mir gehört, sondern daß ich ganz zu ihm gehöre.
Eine gemeinsame Zugehörigkeit, Zusammengehörigkeit – das ist kein heute oder irgendwann einmal erreichbarer Zustand, das ist ein langer, ein lebenslanger Vorgang. Sie sind jetzt Anfänger. Vielleicht werden Sie einmal Fortgeschrittene. Könner der Ehe werden wir alle nie. Deshalb werden wir dem Optimum ehelicher Gemeinschaft immer nachjagen, erreichen werden wir's nie. Hinter dieser Erfahrung aber steht nicht Resignation, sondern für mich gerade der Reiz; der Reiz, etwas zu beginnen, von dem ich weiß, ich werde es nie ganz schaffen, aber ich kann, ich kann sehr nahe herankommen. Darin bestehen Reiz und Risiko. Wie lange werde ich's schaffen, wie weit werde ich's schaffen – wenn ich nur nicht aufhöre, ihm nachzujagen?
Wir Christen werden da allerdings nicht ganz alleingelassen. Wir brauchen uns nicht nur auf uns selber zu verlassen. Wir können noch auf eine Kraft vertrauen, die außerhalb unserer eigenen Möglichkeiten liegt. Das ist ja auch der Grund, weshalb Sie heute in freier Entscheidung hierher zum Altar gekommen sind. Ihr Trauspruch sagt es selber: Ich jage ihm aber nach, nachdem ich von Christus Jesus ergriffen bin. Die Zugehörigkeit, die liebende Zuwendung zu einem Menschen suche ich und kann ich finden, weil ich von dem glaubenden Bewußtsein lebe: Gott hat sich mir schon in dem Menschen Jesus von Nazareth zugewendet.
Seine Zuwendung besteht darin, daß er mir vertraut. Und das ist wohl auch das Geheimnis des Fürwortes »mein«. Zu wem ich schon oder noch sagen kann: mein Mann, meine Frau, mein Kind, mein Freund, meine Mutter, mein Vater – zu dem habe ich schon oder noch Vertrauen.
Antoine de Saint-Exupéry erzählt, wie der kleine Prinz über den Sand, die

Felsen und den Schnee gewandert ist und wie er dann auf einen blühenden Rosengarten stößt.
»Guten Tag«, sagte er.
»Guten Tag«, sagten die Rosen. Der kleine Prinz sah sie an. Sie glichen alle seiner Blume.
»Wer seid ihr?« fragte er sie höchst erstaunt.
»Wir sind Rosen«, sagten die Rosen.
»Ach!« sagte der kleine Prinz . . .
Und er fühlte sich sehr unglücklich. Seine Blume hatte ihm erzählt, daß sie auf der ganzen Welt einzig in ihrer Art sei. Und siehe! Da waren 5000 davon, alle gleich, in einem einzigen Garten! Sie wäre sehr böse, wenn sie das sähe, sagte er sich . . . sie würde fürchterlich husten und so tun, als stürbe sie, um der Lächerlichkeit zu entgehen.
Dann sagte er sich noch: ich glaubte, ich sei reich durch eine einzige Blume, und ich besitze nur eine gewöhnliche Rose . . . Und er warf sich ins Gras und weinte.
Dann aber gesellte sich ein Fuchs zu ihm. Und dieser verriet ihm das Geheimnis des Vertrautwerdens, das Geheimnis, »mein« sagen zu können. Mit diesem Geheimnis schickte der Fuchs den kleinen Prinzen zurück zum Rosengarten.
»Ihr gleicht meiner Rose gar nicht, ihr seid noch nichts«, sagte er zu ihnen. Niemand hat sich euch vertraut gemacht. »Ihr seid, wie mein Fuchs war. Der war nichts als ein Fuchs, wie hunderttausend andere. Aber ich habe ihn zu meinem Freund gemacht, und jetzt ist er einzig in der Welt.«
Und die Rosen waren sehr beschämt. »Ihr seid schön, aber ihr seid leer«, sagte er noch. »Man kann für euch nicht sterben. Gewiß, ein Irgendwer, der vorübergeht, könnte meinen, meine Rose ähnele euch. Aber in sich selbst ist sie wichtiger als ihr alle,
da sie es ist, die ich begossen habe;
da sie es ist, die ich unter den Glassturz gestellt habe;
da sie es ist, die ich mit dem Wandschirm beschützt habe;
da sie es ist, deren Raupen ich getötet habe;
da sie es ist, die ich klagen oder sich rühmen gehört habe oder auch manchmal schweigen.
Da es *meine* Rose ist.«
Die Zugehörigkeit, die Ihr Euch beide heute versprecht, bedarf der besonderen Pflege, der ständigen Kultivierung. Denn es bleibt ja dabei: Nicht daß ich's schon ergriffen habe. Nicht, daß ich sie, daß er mich schon ganz begriffen hätte. Wir sind aber auf dem Wege – miteinander und zugleich zueinander. Dieses in der Ehe Unterwegssein – das läßt sich sehr gut umschreiben damit, den anderen klagen, sich rühmen und schweigen zu hören.

Den anderen klagen hören.
Wer klagt, dem tut etwas weh. Wer klagt, will, daß seine Klage gehört wird. In zerstörten Ehen hört keiner mehr des anderen Klage. Es gehört oft ebenso viel Kraft dazu, dem anderen meine Klage zuzumuten, wie andererseits seine Klage zu verstehen und richtig zu deuten. Es bedarf der Sensibilität, die Schwingungen der Klage zu entziffern, den Ursprung der Klage zu orten und sich der Frage zu stellen, wieweit ich selber die Ursache für die Klage bin. Besonders schwer kann es sein, wenn ich weiß oder mir der Parnter es sogar versichert, daß ich mit seiner Klage gar nichts zu tun habe, daß ich ihm auch gar nicht helfen kann. Das ist schwer, es auszuhalten und mitanzusehen, wie der andere klagt, ohne ihm Linderung zuteilwerden lassen zu können. Aber es ist dann schon viel, wenn ich dann bei ihm bleibe, so er's wünscht, oder auch ihn ein Stück mit sich alleine lasse, wenn er's braucht. Dann die richtige Nuance zu finden, ist schwer und belastend. Es ist eine nie aufhörende Schule gegenseitigen Vertrauens.
Den anderen sich rühmen hören.
Da höre ich heraus: den anderen in seinem Selbstbewußtsein sich entfalten lassen oder sich entfalten helfen; und das kann ich, indem ich ihn lobe. Ich selbst bin noch aufgewachsen und erzogen nach dem Motto: Der Mangel an Tadel ist Lob genug.
Jeder von uns braucht Lob, Anerkennung, oder sagen wir am besten: *Würdigung.* Damit meine ich keine Noten und Zensuren, sondern eine Würdigung meiner selbst, das In-Beziehung-Setzen meiner Person mit dem, was ich selbst, und meist dazu auch in Verbindung mit anderen, »geleistet« habe.
Sie beide, liebes Brautpaar, sind da, so glaube ich, ähnlich gut dran wie meine Frau und ich. Keiner von beiden steht in der Gefahr, oder könnte gar leicht der Versuchung erliegen, zum anderen abwertend und nahezu diffamierend zu sagen: »Liebes, davon verstehst du nichts.« Sie beide sind vom selben Fach, können sich da und dort ergänzen, korrigieren, fördern. Sie können Ihre persönliche Würdigung durch sachliche Würdigungen einüben.
Das Lob, das wir brauchen, benötigen wir alle wohl zu verschiedenen Zeiten. Mir geht das immer so: wo andere mich zu arg tadeln, da brauche ich ganz besonders das Lob, die Würdigung meiner Frau; und wo andere mich zu sehr loben, da tut es mir gut, wenn meine Frau dieses Lob auch durch angemessene Kritik relativiert. Jeder braucht den Ehepartner für eine seine Person auspendelnde Balance. Ich wünsche Ihnen, liebes Brautpaar, daß Ihre Ehe nicht unter einem Vitaminmangel an hörbarem Rühmen, an Lob und Würdigung leidet!
Schließlich – den anderen schweigen hören.

Jeder von uns trägt immer wieder einmal etwas mit sich herum, worüber er mit niemandem spricht. Es kommt in der Ehe darauf an, zu ahnen, was der andere fühlt und denkt, und dann zu ermessen, wie weit ich ihn darauf ansprechen soll. Sicherlich macht man sich gegenseitig das Leben leichter, wenn man seine Wünsche und Bedürfnisse formuliert.
Ein Schweigen ist oft schwer zu deuten, und doch ist es manchmal weniger mißverständlich als das Reden. Schweigen kann ein Nehmen wie ein Geben sein, eine Anklage ebenso enthalten wie ein Vergeben; es kann ein Ja oder ein Nein andeuten, eine Zustimmung oder eine Ablehnung, ein Zögern oder ein genaues Wissen. Es gibt jenes Schweigen, das dem anderen noch einen Spielraum zur eigenen Entscheidung überlassen will. Und es gibt jenes andere Schweigen, das dem Schweigenden selber einen Freiraum vorbehalten will, in dem er allein sein will, ein Schweigen also, das das Unsagbare verhüllt, ein Schweigen, das Tabuzonen sichert.
Ich fühle mich da erinnert an ein Wort, das der Schauspieler Fritz Kortner in seiner Biografie von seiner Frau Hanna notiert:
»Ich habe sie nie beten sehen. Wenn sie's doch tut, dann ganz insgeheim. Zuzutrauen wär's ihr. Sie hat eben auch ihre Abgründe. Ganz erforscht habe ich sie noch nicht (*noch* nicht! . . . ich jage ihm aber nach, ob ich's wohl ergründen könnte . . .!). Sie gibt nicht alles preis, zu manchem habe ich keinen Zutritt. Ich habe aber Grund zu glauben, daß es im wesentlichen nur das Gebet ist, mit dem sie mich hintergeht.«
Es bleiben auch und gerade dort, wo Liebe im Spiel ist, noch viele Geheimnisse übrig. Sie sind noch ganz am Anfang. Werden Sie nicht müde, den anderen zu ergründen, um sich selbst besser zu verstehen!
Lieber NN, fang nie an, damit aufzuhören, »deine« NN zu lieben! Hör nie auf, damit anzufangen, NN zu lieben!
Liebe NN, fang nie an, damit aufzuhören, »deinen« NN zu lieben! Hör nie auf, damit anzufangen, NN zu lieben!

Beide Partner sind Mediziner. Er war nicht Mitglied einer Kirche, ist es dann aber nach ca. 2 Jahren geworden.

Wolfgang Gerlach

Kraft, Liebe, Besonnenheit

2. Timotheus 1,7

1. Der Geist der Verzagtheit

Vielen jungen Leuten ist die Ehe fragwürdig geworden. Warum heiraten? Zusammen leben ohne Trauschein geht doch auch. Die Ehe ist im echten Sinne frag-würdig, wert befragt zu werden. Und es wäre sicher interessant, wenn wir jetzt eine Umfrage hier starten würden. Statt meiner Ansprache die Hochzeitsgäste zu Wort kommen zu lassen – wäre das so unsinnig? Viele unter Ihnen schauen doch auf eine längere Ehepraxis zurück und würden sicherlich – würden wir es offen und ehrlich betreiben – Erkenntnisse zutage bringen, die unter mancherlei Tränen und Schmerzen, durch Enttäuschungen, aber auch beglückenden Überraschungen gereift sind. Die Antworten würden vermutlich sehr unterschiedlich ausfallen.

In Ihrem Trautext ist vom Geist der Verzagtheit die Rede. Dieser Geist ist von Ihnen vertrieben worden, denn wenn Sie sich trauen lassen, haben Sie Vertrauen. Und das ist ein anderer Geist, der Geist der Zuversicht. Sie und alle Ihre Lieben und Ihre Freunde beglückwünschen Sie zu diesem Tag. Sie sagen ja zu dem, was Sie heute beginnen. Und wir bitten Gott, daß er Ihr Ja segnen möchte.

2. Der Geist der Kraft

Ich komme noch einmal auf die Frage zurück. Ich bin sicher, einige unter Ihnen würden sagen: Das Wichtigste in der Ehe ist die Treue. Wenn zwei sich auf Dauer einander anvertrauen, sich dem Partner ausliefern und hingeben mit allen Fasern ihres Lebens, so kommt dies doch einem Sprung in die ungewisse Tiefe gleich. Und das kann man doch nur wagen, wenn man weiß, da ist ein Sicherheitsnetz ausgespannt – die Treue. Ich gebe mich einem anderen hin, der zu mir stehen wird, egal was kommt. Der auch bereit ist, für mich zu bluten. Wir brauchen jemanden, auf den wir uns unbedingt – ohne Bedingungen, ohne Wenn und Aber – verlassen können. Solches Sich-auf-jemanden-Verlassen ist doch mehr als nur eine Liebelei. Echte Liebe ist mehr als Rausch und Leidenschaft. Das ist sie sicher auch – aber mehr. Der Preis wahrer Liebe ist hoch. Er heißt: Treue. Und die Ehe bewährt sich in der Treue. Und sie vollendet sich in der Vergebung.

Ein anderer würde vielleicht neben der Treue und der Liebe die Fantasie nennen. In der Tat: Gott hat uns Fantasie gegeben. Denn Einfallsreichtum ist ein Erkennungszeichen wahrer Liebe. Die Beziehung zwischen Mann und Frau bedarf immer wieder neuer Nährstoffe, Überraschungen und Neuentdeckungen. Liebe ist erfinderisch. Denn manche Liebe ist schon den Tod der Langeweile gestorben. Aber zum Geist der Kraft gehört auch die Kraft der Fantasie. Um sie wollen wir auch bitten.

3. Der Geist der Besonnenheit
Mir ist aber noch eine Tugend wesentlich: die Geistesgegenwart, die Fähigkeit, den richtigen Moment zu erkennen. Geistesgegenwart, das heißt offen sein für den Augenblick. Ohne Geistesgegenwart hätten Sie sich gar nicht kennengelernt. Als Sie sich das erste Mal sahen, die ersten Blicke und Worte wechselten, da waren Sie innerlich aufnahmebereit, bereit zur Begegnung, offen für den anderen. So konnte sich Vertrauen anbahnen, so stellten sich sehr bald Gefühle ein und entwickelte sich das, was wir Liebe nennen.
Wer mit seinen Gedanken an einer Vergangenheit klebt, der verpaßt die Gegenwart. Ebenso der, der immer nur von der Zukunft träumt. Nicht »dann« und »damals«, sondern »jetzt«! Jetzt heißt es glücklich zu machen und zu sein. Jetzt heißt es offene Augen und Ohren zu haben für den anderen. Jetzt heißt es sein Herz aufschließen, sich dem Partner ganz und gar zuwenden. Geistesgegenwärtig sein, das bedeutet auch, ein Gespür dafür zu entwickeln, was der Partner braucht: ein gutes Wort, ein wenig Zärtlichkeit oder auch viel Ermutigung, Überraschungen oder auch gerade das Gewohnte. Das alles wird wohl auch der Inhalt unseres Gebetes sein, wenn wir nachher Gott von Herzen bitten: Segne diese Ehe. An Gottes Liebe, an seiner Geduld und Treue, an seiner Vergebungsbereitschaft und seiner Geistesgegenwart, an seinem Offensein für uns darf unsere Liebe sich ausrichten und stets erneuern.
Gott hat uns nicht den Geist der Verzagtheit gegeben, sondern den Geist der Kraft, der Liebe und der Besonnenheit.

Heinz Gerlach

Vertrauen

Hebräer 10,35

Ihr Trautext spricht vom Vertrauen. Und in dem Wort Trauung steckt dieses ja drin, daß hier sich zwei einander anvertrauen. Sie wollen gemeinsam den Weg durchs Leben gehen. Es wird hoffentlich ein langer und sehr schöner Weg sein. Diesen Weg nennen wir Ehe, die innerste

und tiefste Gemeinschaft zweier Menschen. Die Bibel drückt das bildhaft aus. Sie sagt, zwei Menschen werden ein Fleisch werden. Das ist ein Wachstumsprozess. Dazu braucht man viel Geduld, Einfühlungsvermögen, Rücksichtnahme und Takt, Vergebungsbereitschaft und die Bereitschaft, die Last des anderen zu tragen.
Das Vertrauen zueinander und die herzlichen Gefühle füreinander sind Gaben, für die Sie danken sollten. Aber es ist immer so, daß uns Gott nicht nur Gaben schenkt, sondern zugleich mit diesen Gaben Aufgaben stellt. Verstehen Sie Ihre Liebe zueinander als eine Gabe Gottes und verstehen Sie zugleich Ihre Ehe als eine Aufgabe, die den letzten Einsatz fordert. Wer nur von der Ehe etwas verlangt, ohne auch in sie zu investieren, der wird enttäuscht werden.
Wir müssen zuerst etwas hineingeben. Kein Glück auf der Welt, schon gar nicht das eheliche Glück, wird uns nachgeworfen. Gestatten Sie mir einen seltsamen Vergleich. Wir alle kennen die Erfahrung, wie es ist, wenn man im Winter sich in das kalte Bett legt. Erst klappert man mit den Zähnen, zieht die Decke über die Schultern und kuschelt sich zusammen. Und ganz allmählich wird es warm und wohlig um uns. Wir selber sind es, die das kalte Bett anwärmen. Am nächsten Morgen aber geschieht das Umgekehrte. Nicht mehr wir wärmen das Bett, sondern wir haben das Gefühl, das Bett wärmt uns. Und wir tun uns dann in der Regel schwer, aus den wohligwarmen Federn herauszukriechen, um in den neuen, eiskalten Tag zu gehen.
Ist es mit der Ehe nicht ähnlich? Erst muß man diese neue menschliche Gemeinschaft erwärmen. Man muß Energie hineingeben, Liebe investieren. Dann fühlt man sich darin wohl. Dann mag man gar nicht mehr heraus aus dieser Geborgenheit und Wohligkeit. Wer nicht bereit ist, seine ganze menschliche Wärme in seine Ehe hineinzugeben, der wird auch nicht spüren, wie ihn die Ehe wärmt. In der Bibel lesen wir das Gebot: »Liebe deinen Nächsten wie dich selbst.« Das heißt doch: Gib Liebe, mach glücklich, sei für den andern da, lern zuerst du zu sagen, und dann wirst du spüren, daß dieses Glück auf dich zurückfällt, daß du dich selbst im anderen wiederfindest.
Die Bibel weiß um das Geheimnis der Ehe. Sie weiß, daß das Glück das einzige Gut auf Erden ist, das sich vermehrt, indem man es teilt. Nur wer gibt, wird in der Ehe auch empfangen.
Ein jüdischer Rabbiner wurde eimal gefragt: »Was machte Gott eigentlich, nachdem er mit der Schöpfung der Welt fertig war?« Er antwortete: »Jetzt stiftet er Ehen, und dieses Werk ist weitaus schwieriger, als die Israeliten durch das Schilfmeer zu führen und aus Ägypten zu retten.«
Die Ehe ist eben mehr als nur dies, daß zwei Menschen einen Vertrag

miteinander schließen und gemeinsam leben. Die Ehe ist der Versuch, aus eins plus eins eins sein zu lassen und nicht zwei zu machen, daß zwei verschiedene Menschen zu einer Einheit zusammenwachsen, aus dem Ich und Du ein Wir wird. Dieses Zusammenwachsen geschieht jedoch nicht nur in glücklichen Tagen, in Zeiten des Hochgefühls und der leidenschaftlichen Liebe. Dieses Zusammenwachsen geschieht, oder will geschehen, auch in schweren Tage. Gemeinsam bewältigtes Leid, gemeinsam gemeisterte Aufgaben verbinden. Wichtig dabei wird sein, daß Sie immer wieder neu das Vertrauen zueinander fassen und das Vertrauen zu Gott haben, daß er Sie weiterführen wird. Es wird Ihnen sicher auch nicht erspart bleiben, daß Sie sich gelegentlich enttäuschen und einander wehtun.
Das alles kann die Ehe vertragen, wenn Sie das Vertrauen zueinander behalten. Das Vertrauen, welches eine große Belohnung hat.
Das Vertrauen zum Partner wird uns befähigen, ihn auch zu tragen mit seinen Schattenseiten. Dann können wir die tiefe Geborgenheit erfahren, die nur die Ehe zu geben vermag. Wenn wir ganz gewiß sind, daß der andere mich nicht fallen läßt, sondern mich trägt – auch gerade dann, wenn ich es ihm schwer mache. Daß solche Liebe auch große Opfer von uns fordert, wird man leicht verstehen können. Liebe handelt nach dem Motto: Hinfallen ist keine Schande, aber Liegenbleiben ist eine Schande. Das Aufstehen freilich ist nicht immer leicht. Denn oft haben wir die Kraft zum Aufstehen nicht aus uns selber, sondern sie muß uns zuwachsen. Darum laßt uns in dieser Stunde von Herzen beten, daß Ihnen beiden, liebes Brautpaar, das Vertrauen zueinander und die herzlichen Gefühle füreinander erhalten bleiben, daß sie zunehmen an Intensität, daß Sie immer enger zusammenwachsen und sich gegenseitig tragen.

Heinz Gerlach

Das innere Leben der Liebe

1. Johannes 3,18

Dieses Wort aus dem 1. Johannesbrief ist von den beiden, die heute heiraten wollen, selbst ausgesucht. Wie es bei all den andern, die sich hier aus diesem Anlaß versammelt haben, ankommt, weiß ich nicht. Die verschiedenen Mienen, die Sie eben bei der Textverlesung gemacht haben, lassen da einige Deutungen zu.

Einige denken vielleicht: Das haben sie aber schön ausgesucht, ein wunderbarer Text, so richtig geschaffen für eine Hochzeit. Andere reagieren nüchterner: Na klar, so etwas mußte ja heute kommen, das gehört einfach zur Verzierung des Tages. Schließlich sind wir ja in einer Kirche, da kann man nicht so banal und nüchtern daherreden, da muß es etwas erhaben und anspruchsvoll und idealistisch klingen. Die Übertreibung gehört einfach dazu. Vielleicht meinen Sie auch: Die haben sich ja viel vorgenommen, richtig schwärmerisch sind sie, obwohl's bei denen auch nicht mehr der erste Ansturm der Liebe ist. Aber warum nicht, die Ernüchterung kommt sowieso noch früh genug.
Nun müssen wir zugeben: dieser Spruch beschreibt nicht einfach die Praxis, wie wir miteinander umgehen. Im Gegenteil, dem Verfasser ist schon bewußt, daß Beziehungen zwischen Menschen oft sehr wenig liebevoll sind, daß da Konkurrenzgeist herrscht und Neid und Eifersucht, ja auch Feindschaft. Und er hat sicher auch beobachtet, wieviel Freundlichkeit und Wohlwollen nur vorgetäuscht wird, wieviel leere Versprechungen und Sprechblasen es gibt, nicht gedeckt von dem, was tatsächlich abläuft. Gerade auch zwischen Menschen, die von ihrem Anspruch her anders sein wollen als der Durchschnitt. Die sich Menschlichkeit und Herzlichkeit fast programmatisch vorgenommen haben. Die selber schon in früheren Begegnungen Kälte und Eigensucht zwischen Menschen schmerzlich erlebt haben, sogar bei sich selbst, und die dennoch nicht die Konsequenz ziehen wollten: du mußt dich abhärten, weniger sensibel werden, sonst kommst du nicht durch; wer sich zu sehr für andere einsetzt und sich ihnen ausliefert, ist nur der Dumme.
Nein, so also nicht. Deshalb wendet sich Johannes an solche Menschen, deren Sensibilität eher noch zugenommen hat. Menschen, die sich von dem Lebenseinsatz Jesu anrühren ließen, die ihm seine Liebe zu den Schwachen und den Ernsthaften, zu den Mittelmäßigen wie zu den Stabilen geglaubt haben, die sich überzeugen ließen: so muß Liebe in die Welt gebracht werden, dann und darin kommt Gott zum Zuge. Johannes wendet sich an Christen, nicht ans allgemeine Publikum. Er sagt: Ihr habt doch erkannt, was die Welt braucht, um menschlich zu sein. Euch ist doch bewußt, daß der übliche Kampf ums Dasein immer Züge des Todes an sich hat und nur Liebe Leben schafft. Laßt es doch nicht beim theoretischen Wissen, zeigt doch, daß es in euer Herz gedrungen ist, schaut euch selbstkritisch euer tägliches Verhalten an. Wer als Christ haßt, ist ein Totschläger. Wer als Christ reichlich zum Leben hat und vor dem Leiden und Darben anderer sein Herz verschließt, bei dem kann doch die Liebe Gottes gar nicht bleiben. Oder wie sollte sie es?
In diesen Zusammenhang, liebe Hochzeitsgemeinde, gehört unser Trauspruch. Es geht um das christlich-menschliche Verhalten überhaupt.

Aber was hat das dann, fragen wir uns, mit der besonderen Beziehung von Mann und Frau zu tun? Was sagt er Spezifisches über zwei Menschen, die sich fürs Leben verbinden wollen? Geht es bei Mann und Frau nicht zuerst um ganz andere Dimensionen von Liebe, um erotische und geistige Anziehungskraft, um eine Wirtschafts- und Schutzgemeinschaft, um gemeinsame Sorge und Freude mit Kindern, sozusagen um Biologie und gesellschaftliches Dasein? Da muß man darauf achten, daß die Kasse stimmt, daß die Karriere klappt, daß die Kochkunst nicht verkümmert, daß eines Tages die Kosmetikindustrie erfolgreich zum Zuge kommt usw. Oder ist es nicht so? Jeder muß zusehen, daß er auf seine Kosten kommt, daß er nicht zuviel zubuttern muß, aber auch den andern durch genügend attraktive Eigenschaften bei der Stange hält. Ältere Ehepaare werden da verständnisvoll nicken und gute Ratschläge geben können. Motto: Wie halte ich meinen Mann – eine immer wieder interessante Spalte in den Illustrierten. Die entsprechenden Tips für Männer stehen uns noch bevor. Vielleicht werden aber auch manche von Ihnen im ernsthaften Gespräch zugeben, daß all diese äußerlichen Arrangements und Beglückungstechniken nicht ausreichen, um eine Gemeinschaft über die juristische und wirtschaftliche Form hinaus innerlich lebendig zu erhalten. Der Kältetod kann schon eingetreten sein, auch wenn nach außen hin oder in der täglichen Routine der Arbeitsabsprachen noch alles funktioniert. Aber wie lange wird man das aushalten? Und was ist die Alternative zur Trennung, wenn sie menschlich billig und dazu wirtschaftlich teuer zu werden droht?
Unser Trauspruch ist an dem inneren Leben eurer Verbindung interessiert. Nicht leere Worte, sondern wirkliche Taten der Liebe möchte er hören und sehen. Was nützt ein tägliches »Ich liebe dich«, was sollen die schönsten Kosenamen, wenn ständig die Buchungsmaschine mitläuft, die die beiderseitigen Einzahlungen und Entnahmen gegeneinander aufrechnet? Was bringen zärtliche Worte, wenn die alltägliche Gleichgültigkeit oder Ausnutzung des andern dem widerspricht? Nichts gegen die Worte, nichts gegen die Zunge – auch wenn einige dabei grinsen –, das gibt Nahrung für die Seele, wenn es nur kein Gerede und Gesäusel ist. Bleibt nur die Frage, wie man Gerede vermeidet, wie der gute Wille zur Tat werden kann. Woher kommen die Kräfte, eine wirkliche Liebe durchzuhalten? Einfach aus der eigenen Vitalität oder der des andern? Und wenn beide müde werden? Was trägt uns dann, wenn's keine krampfhafte Anstrengung werden soll?
Johannes sagt in seinem Brief an anderer Stelle: Gott ist Liebe. Und er nennt zur Veranschaulichung den Sohn Gottes, der als Retter auftritt, als Menschenretter, der lieber selber leidet, als auf Kosten anderer zu überleben, der sein Leben gibt für seine Freunde. Daß ein Mensch das konnte,

daß die Kraft der Liebe entzündet wurde und durch seinen Tod nicht auszulöschen war, im Gegenteil gerade dadurch überzeugend wirkte und andere Menschen ergriff, das beweist Gottes Liebe. Das zeigt, daß es eine Kraft gibt, die mehr ist als der Überlebenswille jedes einzelnen Organismus, stärker als der Wille zur Selbstbehauptung. Gewiß auch verletzlicher, sicher nicht ungefährdet, aber trotzdem nicht totzukriegen. Ein Geschenk, das nicht einklagbar ist, das aber für behutsame Empfänger bereitliegt.
Ihr beide seid Ärzte. Ich wünsche euch nicht nur für euren Beruf, sondern auch für eure Beziehung zueinander, daß solche Liebe zum andern euch trägt und beflügelt, daß sie keine routinierte Berufsfreundlichkeit wird, therapeutisches Kalkül, sondern wirkliche Liebe bleibt. Indem ihr dies erlebt, bleibt das Leben bei euch, und ihr spürt Gott an eurer Seite.

Claus-Dieter Schulze

Ordnung eines Traugottesdienstes

Am Portal
Im Namen des Vaters und des Sohnes und des Hl. Geistes. Amen. Ihr seid zu dieser Kirche gekommen, um euch trauen zu lassen. Ihr sucht für eure Ehe
– den Halt, durch gute alte Überlieferung bewährt*
– den Zuspruch Gottes, den ihr hier in besonderer Weise erfahren habt*
– den festlichen Ort, an dem ein anderer der Hausherr ist und uns die Freiheit läßt, Gäste zu sein*
– den Ort der Geborgenheit, der uns aufatmen läßt von der Hast unseres Alltags*
und wollt eure Gemeinschaft in das Licht Gottes stellen und seinen Segen erbitten.
So laßt uns hingehen vor Gottes Altar, damit wir sein Wort hören, zu ihm beten um Gnade und Bewährung und uns unter seine segnende Hand stellen.
Einzug und Orgelvorspiel
Die Gnade unsers Herrn Jesus Christus und die Liebe Gottes und die Gemeinschaft des Hl. Geistes sei mit uns.
Wir sind hier beieinander, weil uns daran liegt, daß diese Ehe gelingt. Wir sind dazu in einer Kirche zusammengekommen; uns trägt die Ahnung, die Erfahrung, der Glaube, daß das Gelingen einer Ehe nicht in unserer Hand liegt, sondern immer Geschenk, Gnade bleibt. Darum steht am Anfang der Dank und das Lob Gottes.
Lied (z. B. EKG 226–238)
Alles was ihr tut, das tut von Herzen als dem Herrn und nicht den Menschen, mahnt uns Gottes Wort.
Darum tut die Ringe, die ihr tragt als Zeichen eurer Liebe und Zusammengehörigkeit, von euren Händen. Ich will sie auf den Altar legen zum Zeichen, daß Gott der Herr und Hüter eurer Liebe und Ehe ist.
Wir wollen beten:
Gebet:
Herr, wir haben uns versprochen: Wir wollen für immer zusammenleben. Wir wissen genau: Dazu braucht es mehr als Gewöhnung und gegenseitige Toleranz; dazu genügen weder verliebte Gefühle noch vernünftige Entscheidungen. Was wir brauchen, ist Liebe. Eine Liebe, die wir empfangen, ohne sie je zu besitzen, die wir schenken, ohne doch darüber zu verfügen: deine Liebe, Gott! Wir brauchen Worte, die mehr tragen, als wir in sie hineinlegen. Wir brauchen Hoffnung, die sich an dem Einerlei und den Enttäuschungen des Alltags nicht abschleift. Wir brauchen Vertrauen, das in kritischen Situationen nicht zerbricht, sondern wächst.
Öffne uns die Tür zu dieser Liebe, Herr. Gib du unsern Hoffnungen und unsern Ängsten Halt und laß uns nie vergessen, daß unsere Ringe nebeneinander auf deinem Altar gelegen haben. Halte uns durch deine

* Je nach der im Traugespräch deutlich gewordenen Motivation.

Liebe untereinander, mit unsern Familien und Freunden, mit deiner Gemeinde verbunden durch unsern Herrn Jesus Christus. Amen.

Traupredigt

Lied

Hört, was die Hl. Schrift über das Miteinander von Mann und Frau und den Grund ihrer Liebe schreibt:

Lesung

Am Anfang schuf Gott Himmel und Erde. Und er schuf den Menschen nach seinem Bilde, nach dem Bilde Gottes schuf er ihn. Er sollte in seinem Auftrag über die Schöpfung herrschen und sie bebauen und bewahren. Und Gott schuf einen Mann und eine Frau. Denn er sprach: Es ist nicht gut, daß der Mensch allein ist. Ich will ihm einen Partner geben, der zu ihm paßt. Und Gott segnete Mann und Frau und sprach zu ihnen: Ihr werdet Kinder haben und eine Nachkommenschaft, die die Erde füllt. So werdet ihr sie in meinem Auftrag verwalten. Und Gott sah an alles, was er gemacht hatte; und siehe, es war sehr gut.

Von Jesus Christus aber haben wir die Liebe, die sich bedingungslos für den anderen einsetzt. Sie verändert unsere Maßstäbe und hilft uns zu einem ungetrübten Blick für das, was im Augenblick wirklich wichtig ist. Darum seid vor allen Dingen darauf bedacht, daß diese Liebe Christi unter euch lebendig bleibt. Denn Liebe findet ihren Weg über jeden Abgrund hinweg, der sich zwischen uns auftut. Sie vergibt und kann um Vergebung bitten. Seid offen füreinander und nehmt auch andere mit ihren Sorgen in euer Leben auf, ohne darüber viele Worte zu machen. Wenn jeder die Gaben, die ihm gegeben sind, in euer Zusammenleben einbringt, braucht sich keiner vor dem andern zu erniedrigen. Sprecht euch miteinander aus im Geist der Liebe Christi; und wenn einem von euch eine wichtige Aufgabe zufällt, dann überlegt miteinander, ob ihr diese Herausforderung annehmen sollt oder ob ihr euch damit übernehmt. So wird Gott die tragende Kraft eures Lebens sein, in der Liebe Christi, die gültig bleibt und ihre Kraft erweist in allen dahingehenden und kommenden Tagen. Amen

(nach Gen 1+2 und 1. Petr.4,1+8–11)

(Im 2. Abschnitt lehnt sich die Paraphrase gelegentlich an Formulierungen aus ›Gottesdienst menschlich‹ S. 66 an.)

Traufrage:

Nachdem ihr gehört habt, was von Jesus Christus als dem Wort Gottes her über unsere Liebe gesagt werden darf, frage ich dich (Ehemann): Willst du deine Frau N. geb. N in dieser Liebe annehmen, sie begleiten, ihr vertrauen und Geborgenheit schenken, bis der Tod euch scheidet, so sprich Ja!

Ehemann: Ja.

Genauso frage ich dich, N. geb. N: Willst du deinen Mann NN in dieser Liebe annehmen, ihn begleiten, ihm vertrauen und Geborgenheit schenken, bis der Tod euch scheidet, so sprich Ja!

Ehefrau: Ja.

Segen:

Gott will euch beim Wort nehmen und euer Wort durch sein Wort tragen. Ihr dürft seine Liebe weitergeben.

Zum Zeichen dafür gebt euch eure Ringe von neuem an die Hand! Reicht einander die (rechte) Hand!

(P. legt seine Rechte auf die verbundenen Hände)
Gott Vater, Sohn und Hl. Geist segne euch. Er gebe euch immer wieder neue Kraft, euch für einander zu öffnen; er stärke euren Mut, aneinander festzuhalten; er festige in euch das Vertrauen, das dem andern Spielraum geben kann, ohne ihn einfach loszulassen. Laßt uns gemeinsam beten:
Vater unser
(anschl. betet P. allein weiter:)
Herr Gott, wir danken dir, daß du uns als Mann und Frau erschaffen und uns deine Liebe geschenkt hast. Wir bitten dich: Hilf allen Eheleuten, einander zu lieben und zu achten und im Vertrauen zu dir für andere Menschen dazusein. Durch Jesus Christus, unsern Herrn. Amen
Friedensgruß
Und der Friede Gottes, der höher ist als alle Vernunft, bewahre eure Herzen und Sinne in Christus Jesus.

Klaus von Mering

Trauung im Hauptgottesdienst

(mit Abendmahl, Predigttext: Römer 12,1 ff.)

In den meisten Familien gehört es nach wie vor zur Tradition, kirchlich zu heiraten. »Ich kann das nicht näher begründen und beschreiben, aber ich habe das Gefühl, die Ehe gelingt besser, wenn wir kirchlich getraut sind. Wenn ich nicht kirchlich getraut wäre, hätte ich das Gefühl, ich wäre nicht richtig verheiratet.« (Ausspruch einer Frau im Traugespräch)
Zum Traugespräch
In Traugesprächen erfahre ich, daß Menschen sich einen feierlichen Beginn ihrer Ehe wünschen. »Ich will etwas haben, an das ich mich später erinnern kann, beim Standesbeamten ist alles in 5 Minuten erledigt«, das ist eine häufig wiederkehrende Begründung für die gottesdienstliche Feier. Es ist der Wunsch vieler junger Mädchen, »in Weiß« zu heiraten, um sich damit einen Traum aus Jugendtagen zu erfüllen. In der Regel geht die kirchliche Feier auf den Wunsch der Frau zurück. Männer würden lieber darauf verzichten, aber »ich mache das mit – meiner Frau zuliebe«. Hinzu kommt, daß oft Eltern, Großeltern und Verwandte auf eine kirchliche Trauung drängen. Weil viele Paare vor der kirchlichen Trauung aufgeregt sind, überlassen sie die Gestaltung dem Pfarrer mit der Bemerkung »Sie machen das schon richtig«. Wenn das Ehepaar Vorschläge zur Gestaltung der Trauung äußert, dann übernehmen sie Anregungen aus Filmen: Aidas Triumphmarsch wird zum Einzug gewünscht, und es kommt immer mehr in Mode, daß der Vater seine Tochter dem vorne in der Kirche wartenden Bräutigam zuführt oder daß ein Kinderchor bestellt wird, der dann singen soll »Ich bete an die Macht der Liebe.«
Hinter diesen Wünschen verbirgt sich die Erwartung, eine geschützte

und verläßliche Beziehung zu erleben, Relikte der »Heiligen Familie« als der von der Gottheit geschaffene Schutzraum tauchen hier auf.
Im Traugespräch sollte Raum und Zeit sein, über diese Wünsche und Erwartungen so zu sprechen, daß Menschen das Gefühl haben, sie werden dort abgeholt, wo sie leben. Dann werden sie eher bereit sein, auch offen über ihre Erwartungen an ihre Beziehung zu sprechen: Ich erwarte, daß wir auch in schlechten Zeiten zusammenhalten; ich wünsche mir Vertrauen, Entgegenkommen, Treue, Verständnis füreinander, etwas, was uns verbindet, gemeinsame Interessen, Kinder.
Immer mehr komme ich zu der Einsicht, daß diese menschlichen Erwartungen und Wünsche Mittelpunkt unseres gemeindlichen Lebens und auch der Amtshandlungen sein sollten, gemäß einer Äußerung des jüngeren Blumhardt: »Man verachtet immer das Menschliche und die einfache Offenbarung Gottes und der Wahrheit. Der Weg Gottes geht durch Fleisch und Blut.« Im Traugespräch und während der Trauung versuche ich zu verdeutlichen, daß nicht so sehr der Akt der Eheschließung im Mittelpunkt steht, sondern die Beziehung, die gegenseitige Bindung von Menschen untereinander, die beginnt oder fortgesetzt wird. Vor dem Traugespräch, bei der ersten Kontaktaufnahme erzähle ich dem Paar von Trauungen im Hauptgottesdienst. Für viele ist das eine ungewohnte und überraschende Möglichkeit.
Die Trauung kann dann zum ermutigenden Angebot werden, an der Gemeinschaft der Christen teilzunehmen, sich über den Kreis der Familie hinaus anderen Menschen zu öffnen. Eine so verstandene Trauung versucht in der Tradition Jesu zu stehen: Jesus hat nicht ein afamiliäres Ethos verkündigt. Das Verlassen der Familie in der Nachfolge Jesu war nicht eine asketische Norm, sondern schmerzliche Notwendigkeit, wenn die Familie dem Jesus-Bekenntnis entgegenstand (Mt 10,37; Mk 3,35).
Dieser Vorrang der Nachfolge Jesu gegenüber dem Zusammenleben in der Familie und Ehe spiegelt sich in der Trauung so wider, daß die Trauung im Gottesdienst mit der Gemeinde geschieht (bei einer Trauung außerhalb des Hauptgottesdienstes repräsentieren Verwandte, Bekannte, Freunde und Nachbarn des Brautpaares die Gemeinde).
Teile des folgenden Entwurfes sind mit Ehepaaren im Traugespräch entwickelt worden, dem Ehepaar Bernhardine und Rainer Sobottka und meiner Frau habe ich entscheidende Anregungen zu verdanken.
Das Ehepaar entscheidet, ob es vorne vor der Gemeinde sitzen möchte oder mitten unter den Gottesdienstbesuchern.

Begrüßung: Wir reichen uns die Hände

In diesem Gottesdienst feiern wir miteinander die Trauung von N.N. und N.N. Es ist noch ungewohnt, daß zwei Menschen sich in einem Hauptgottesdienst trauen »lassen«. Frau und Herr N. wünschen sich jedoch, es möge dadurch zum Ausdruck kommen, daß ein Ehepaar von gemeinsamen Überzeugungen und von der Beziehung nach außen – zu anderen Menschen, zu einer Gemeinschaft und Gemeinde – lebt. Mit einem Zeichen unserer Sehnsucht nach menschlicher Nähe beginnen wir im Namen Jesu Christi diesen Gottesdienst. Während Sie sich die Hände reichen, erinnere ich an Jesus Christus, von dem gesagt wird:
Seine Hände schlagen nicht zu – sie heilen
seine Hände fesseln nicht – sie lösen
seine Hände zerstören nicht – sie fügen zusammen

seine Hände verletzen nicht – sie verbinden
seine Hände lehnen nicht ab – sie nehmen dich an
seine Hände greifen nicht an – sie greifen dich auf
sie geben nicht auf
sie halten dich fest
seine Hände verstoßen nicht – sie berühren dich
seine Hände sind die verlängerte Hand Gottes.
(Gnadenspruch, Lesung und Gebete können auf die Trauung Bezug nehmen)

Gnadenspruch

Es sind Menschen da,
die machen sich Sorgen um uns,
sind vertraut mit uns,
geben uns von ihren Kräften ab.
Menschen leben mit uns,
die lassen uns spüren:
Du brauchst dich nicht zu fürchten,
ich bin bei dir.

Lesung: 1. Korinther 13, 1–8; Galater 5,22.25–6,5; Philipper 2,1–5; Kolosser 3,12–16a; 1. Johannes 4,7–19

Gebet

Jesus, du bist gegenwärtig in jedem guten Wort,
das mich tröstet und schützt.
Du bist die Hand auf meiner Schulter,
die mir Mut macht
und mich liebevoll zurechtweist,
wenn ich dunkle Wege gehe.
Jesus, du bist gegenwärtig in dem Mund,
der mich mit Liebe küßt.
Du bist die Wärme meines Herzens,
die ich in der Umarmung fühle.
Jesus, wo deine Liebe im Herzen der Menschen wohnt,
können Menschen sinnvoll über dich sprechen
und einander verstehen.
(Der Gottesdienst folgt der üblichen Ordnung bis nach der Predigt)

Lied:

Wo ein Mensch Vertrauen gibt,
nicht nur an sich selber denkt,
fällt ein Tropfen von dem Regen,
der aus Wüsten Gärten macht.

Wo ein Mensch den andern sieht,
nicht nur sich und seine Welt,
fällt ein Tropfen von dem Regen,
der aus Wüsten Gärten macht.

Wo ein Mensch sich selbst verschenkt
und den alten Weg verläßt,
fällt ein Tropfen von dem Regen,
der aus Wüsten Gärten macht.
(aus: Kirchentagsliederheft 83,
Umkehr zum Leben, Nr. 723)

oder

Allein können wir nicht leben.
Allein sind wir klein.
Drum haben wir einander versprochen,
Begleiter ins Leben zu sein.

Allein können wir nicht leben.
Allein wird uns bang.
Drum haben wir die Freunde im Leben.
Wir ziehen gemeinsam am Strang.

Allein können wir nicht leben.
Allein sind wir schwach.
Drum hat uns Gott Gemeinschaft
gegeben,
sie stärkt uns und rüttelt uns wach.

Allein können wir nicht leben,
Allein sind wir klein.
Drum haben wir einander
versprochen,
Begleiter ins Leben zu sein.

(für Trauungen veränderte Fassung aus: M. G. Schneider, Sieben Leben möcht ich haben. Neue Lieder für Schule, Gemeinde und Familie, 1975, Nr. 64)

Ansprache: Gedanken nach Römer 12,1–3.9–13
Liebe Frau, lieber Herr N.N.!
Daß Sie sich Ihre Trauung im Gottesdienst gewünscht haben (und daß Sie jetzt nicht hier vorne vor der Gemeinde sitzen, wie das sonst bei Trauungen üblich ist), das ist schon ein Zeichen, ein Zeichen dafür, daß Sie als Ehepaar in einer Gemeinschaft mit anderen Menschen, mit Menschen aus unserer Gemeinde leben (leben möchten).
Sie beide haben sich kennengelernt. Sie haben miteinander über Ihre Gefühle und Gedanken gesprochen. Sie haben sich lieben gelernt und festgestellt, daß Sie zueinander passen. Sie leben zusammen, weil Sie sich lieben. Ich denke, daß ist das Entscheidende: Ihre Liebe zueinander. Ich wünsche Ihnen, daß Ihr Liebe stärker ist als alles, was Ihr Zusammenleben im Laufe der Jahre vielleicht einmal stören oder gar in Frage stellen kann.
Ich möchte ganz persönlich beschreiben, was es für mich bedeutet, einen Menschen zu lieben, und ich hoffe und wünsche, daß Sie sich und Ihre Beziehung in diesen Gedanken wiederentdecken:
Einen Menschen lieben, das heißt für mich, ich versuche ihn so anzunehmen, wie er ist, mit seinen Stärken und Schwächen. Und das heißt für mich auch, zugeben zu dürfen, wie schwer es mir fällt, Menschen so anzunehmen, wie sie sind, und sie nicht so zurechtzubiegen, wie ich sie haben möchte. Ich wünsche mir, daß das auch im Alltagsleben, im Beruf so sein könnte: Ich werde geliebt, wie ich bin, ich muß meine Schwächen nicht verheimlichen, ich muß nicht nur Stärke und Leistung zeigen. Ich habe erlebt, daß mir als Mann das schwerer fällt als meiner Frau, wie es mir auch schwerer fällt, offen über meine eigenen Gefühle zu reden. Da brauche ich die Unterstützung meiner Frau, und ich denke, da brauchen Männer die Hilfe ihrer Frauen.
Einen Menschen lieben, das bedeutet für mich, auch richtig mit ihm streiten zu können. Ich habe in meiner Ehe gelernt, daß Menschen sich oft über irgendwelche Nebensächlichkeiten streiten. Der eigentliche Grund, der die Ursache für den Streit ist, der bleibt häufig verborgen.
Ich wünsche Ihnen, daß Sie offen über das reden können, was Sie am Verhalten des anderen stört, und Ihrem Partner zugleich das Gefühl geben: Ich liebe dich so, wie du bist.
Einen Menschen lieben bedeutet auch Arbeit, schöne Arbeit zumeist, manchmal auch Schwerstarbeit: Zuhören, sich mitteilen, streiten, erklären, verstehen, den anderen in seinem Anderssein annehmen.
Ich wünsche Ihnen, daß Sie sich bei dieser schönen Arbeit nicht überfordern.
Einen Menschen lieben, das zeigt sich für mich darin, daß ich meine

eigene Stärke nicht mißbrauche, sondern mir vornehme, partnerschaftlich miteinander zu leben. Die Mutter einer Braut hat mir einmal erzählt, daß in Berlin von Ehefrau zu Ehefrau folgende Geschichte weitererzählt wurde: Wenn der Pastor bei der Trauung das früher übliche Paulus-Wort vorlas »Ihr Ehefrauen seid untertan euren Männern«, dann stellte die Frau heimlich ihren Fuß über den ihres Mannes, und damit war dieser Satz hinfällig.
Ich wünsche Ihnen, daß Sie partnerschaftlich miteinander leben. Liebe Frau, lieber Herr N.N., als wir uns über diesen Gottesdienst unterhalten haben, da haben Sie erzählt, was Sie bisher in Ihrem Zusammenleben erfahren haben und was Sie sich weiterhin wünschen: Sie haben erfahren, daß Sie gut zusammenpassen, Sie haben einen Menschen, der Sie ermutigt, mit dem sich Probleme gemeinsam leichter tragen lassen, Sie können miteinander über Ihre Gefühle reden, haben ähnliche Überzeugungen und treten in der Friedensgruppe für Ihre Überzeugungen ein. Im Gespräch mit Ihnen ist mir ein Satz eingefallen, der auch zu Ihrem Wunsch paßt, Ihre Trauung im Gottesdienst zu feiern: Einen Menschen lieben, das heißt nicht nur ihn ansehen, sondern gemeinsam auf etwas Drittes sehen. Wenn ich einen Menschen liebe, dann sehe ich ihn an und entdecke in seinen Augen, an seinem Mienenspiel und seinen Gebärden, daß er mich liebt. Hier aber wird gesagt, einen Menschen lieben, das heißt nicht nur ihn ansehen, sondern gemeinsam auf etwas Drittes sehen: auf Menschen, die Ihnen begegnen und Sie vielleicht brauchen, auf Menschen, die Sie ermutigen und die Ihnen beistehen, auf unsere gemeinsamen Aufgaben, die Überlebensfragen unserer Zeit, unseren Hunger und Durst nach Frieden und Recht, auf Kinder.
Ich wünsche Ihnen, daß Sie dieses gemeinsame Dritte nicht aus den Augen verlieren (finden und entdecken).
Mein letzter Wunsch für Sie, daß Sie zueinander sagen: Ich kann dich gut leiden. Leiden ist für jeden Menschen zunächst etwas Negatives, das ihn belastet und bedrückt, und trotzdem sage ich zu einem Menschen, der mir nahesteht, der mir sympathisch ist: Ich kann dich gut leiden.
Damit will ich ausdrücken: ich verspreche dir, du kannst auf mich bauen, ich stehe zu dir auch in schweren Stunden und Tagen, nicht nur, wenn wir fröhlich sind, wenn es uns gut geht und wir lachen, sondern auch, wenn wir leiden müssen.
Ich wünsche Ihnen, daß Sie das erleben: Ich kann dich gut leiden.

Lied: Ich möchte Hoffnung sein
Ich möchte Hoffnung sein und selber Hoffnung sehen.
Um andern Halt zu sein, muß ich selbst sicher gehen.
Ich möchte wie ein Baum die Äste weithin recken,
doch selber in den Grund die Wurzeln tief ausstrecken.
Ich möchte wie ein Quell viel frisches Wasser geben
und brauch' es selbst doch auch für mich zum eignen Leben.
Ich möchte wie ein Weg zu einem Ziele führen
und muß für mich doch auch die Richtung erst aufspüren.
Herr, gib du mir Kraft, gib Menschen mir zur Seite,
damit auch andre ich aus der Kraft begleite.
(aus: Kirchentagsliederheft 83, Umkehr zum Leben, Nr. 711)

Brot und Salz wird dem Brautpaar überreicht
Ich habe überlegt, wie wir gemeinsam Ihre Trauung so feiern können, daß zum Ausdruck kommt, daß Sie gemeinsam auf etwas Drittes sehen, von Beziehungen zu anderen Menschen und zur Gemeinde der Christen leben und sich gut leiden können.
Es gibt kein Zeichen, keine Erfahrung, die das treffender verdeutlichen könnte als Brot und Salz.
In unserer Gemeinde wurde ein Brot für Sie gebacken. Jesus wird das Brot des Lebens genannt. So nötig wie jeder von uns Essen und Trinken zum Leben braucht, so nötig braucht ein Mensch den anderen.
Während das Brot dem Ehepaar gebracht und in beider Hände gelegt wird:
Ich bringe Brot, es stillt den Hunger. Ich bringe Brot in der Nachfolge Jesu, es stillt den Hunger nach Frieden und Gerechtigkeit.

Wenn Jesus mit seinen Freunden zusammen war dann hat er das Brot mit ihnen gebrochen. Seine Freunde in Emmaus haben ihn nicht erkannt, nicht an seinem Aussehen, nicht an seinen Worten, sie haben ihn erst erkannt, als er mit ihnen das Brot brach, als er mit ihnen gemeinsam etwas tat und mit ihnen zusammen lebte.
Jesus hat das Brot mit seinen Freunden gebrochen und geteilt, das ging über das Brot hinaus. Er hat versucht, Freude und Leid mit ihnen zu teilen, und ich denke an uns, an unsere Gemeinde: Brot brechen am Altar ohne wirtschaftliches Teilen wird uns nicht zu Schwestern und Brüdern machen. Was in der Ehe selbstverständlich ist, sollte das nicht auch für die größere Gemeinschaft der Christen gelten?
Aber der Mensch lebt nicht vom Brot allein, jeder von uns braucht Wärme und Zuneigung, Menschen, die uns verstehen, die sich einsetzen, wenn Menschen ungerecht behandelt werden und ihr Leben in Gefahr ist.
Deshalb schenke ich Ihnen auch Salz.
Jesus sagt: »Ihr seid das Salz der Erde« (Mt 5,13). Die Welt kann ohne Salz nicht bestehen. Salz wurde und wird geschätzt, weil es konserviert, erhält und würzt.
Während ein Holzschälchen mit Salz überreicht wird:
Ich bringe Salz, es gibt Wohlgeschmack und bewahrt vor dem Verderben.

Wenn Menschen Salz sind, versuchen sie das Leben zu bewahren und zu erhalten, soweit es in ihrer Macht steht. Sie bringen Schärfe in die Welt und decken auf, was nicht stimmt, und widerstehen den Bedrohungen des Lebens.
Bei allen Gaben und Aufgaben, die es für die christliche Gemeinde gibt, gilt: Jeder braucht ganz persönliche Beziehungen, ganz einfach läßt sich das so ausdrücken: Es ist ermutigend und gibt Wärme, wenn ich erlebe, da ist ein Mensch, der ist ganz einfach froh, weil es mich gibt. Brot und Salz wurde Ihnen gebracht. Was läge näher, als daß wir Ihre Trauung so feiern, daß wir miteinander Brot brechen und Wein trinken. Ihr Versprechen und das Versprechen der Gemeinde ist Teil des Miteinanderteilens von Brot und Wein.

Abendmahl und Versprechen
Uralt sind die Zeichen der Gemeinschaft: Brot und Wein.

Ich erinnere daran, wie Jesus mit seinen Freunden Brot und Wein geteilt hat:

Abendmahlsworte

In der Nacht vor seinem Tode am Kreuz saß Jesus mit seinen Freunden zusammen und feierte das Passahfest seines Volkes, das Fest der Befreiung. Dabei sprach er davon, daß er verraten, verhaftet, verurteilt und getötet würde.

Da fühlten sich seine Freunde allein gelassen, von ihm und von allen anderen. Sie waren traurig und unsicher, sie hatten Angst. Sie hatten mit ihm zusammen das Leben der Menschen verändern wollen. Jetzt sahen sie in allem keinen Sinn mehr.

Da nahm Jesus das Brot, dankte dafür, brachs und sagte:

Nehmt und eßt, teilt weiterhin das Brot untereinander und denkt an mich.

Danach nahm er auch den Kelch mit Wein und sagte:

Nehmt und trinkt, damit schließen wir den neuen Bund.

Trinkt auch weiterhin den Wein miteinander und denkt an mich.

Wenn wir jetzt im Namen Jesu miteinander Brot essen und Wein trinken, wie er gesagt hat, dann nehmen wir mit diesem Brot und Wein die Freundschaft, den Mut und das Vertrauen, den Lebenssinn und die Befreiung, die von Jesus ausgehen, in unser Leben auf.

(nach: ku praxis, Heft 9, Abendmahl, S. 77)

Versprechen

Das Ehepaar spricht gemeinsam:

Schön ist es, daß wir uns kennengelernt und festgestellt haben, daß wir zueinander passen. Schön ist es, daß wir aneinander Entdeckungen machen und füreinander Verständnis gewinnen. Wir versprechen uns, miteinander Freude und Leid zu teilen und offen zu sein für alle Menschen, die uns begegnen, die uns brauchen und die wir brauchen.

Traufrage (alternativ)

Sie haben gehört, was im Sinne Jesu über das Zusammenleben der Menschen und über Liebe gesagt werden kann.

Ich frage Sie, wollen Sie in diesem Sinne Ihre Ehe führen – in allem, was sie Ihnen bringen wird?

Eheleute (nacheinander): Ja

Versprechen der Gemeinde

Wir alle wollen Ihnen und uns gegenseitig versprechen, was wir in einem Gebet im Wechsel ausdrücken wollen.

Einer: Ich wünsche mir einen Menschen, der mich an die Hand nimmt, wenn ich unsicher bin, und der mich wieder losläßt, wenn ich meinen Weg gefunden habe.

Alle: Gleich neben mir steht einer, der mich liebt und mich und dich, gleich neben mir.

Einer: Ich wünsche mir Menschen, die mir meine Freude und meine Angst von den Augen ablesen können.

Alle: Gleich neben mir steht einer, der sich freut für mich und dich, gleich neben mir.

Einer: Ich wünsche mir Menschen, die mich so lieben, wie ich bin, die ganz einfach froh sind, weil ich da bin und es mich gibt.

Alle: Gleich neben mir steht einer, der noch hofft, für mich und dich, gleich neben mir.

Einer: Dort wo ein Mensch den anderen Menschen liebt, fällt ein Tropfen von dem Regen, der aus Wüsten Gärten macht.
Alle: Gleich neben mir steht einer, der mich liebt und mich und dich, gleich neben mir.
Diese Versprechen füllen wir mit Leben, indem wir Brot und Wein miteinander teilen.
Während das Brot und der Wein weitergereicht werden:
Wie dieses Brot ist Christus uns gegeben, damit wir füreinander leben.
Wie dieser Wein ist Christus uns gegeben, damit wir einander erfreuen.
Lied:
Du bist da, wo Menschen leben,
du bist da, wo Leben ist;
du bist da, wo Menschen leben,
du bist da, wo Leben ist.
Du bist da, wo Menschen hoffen,
du bist da, wo Hoffnung ist;
du bist da, wo Menschen hoffen,
du bist da, wo Hoffnung ist.
Du bist da, wo Menschen lieben,
du bist da, wo Liebe ist;
du bist da, wo Menschen lieben,
du bist da, wo Liebe ist.
(aus: Kirchentagsliederheft 83, Umkehr zum Leben, Nr. 699)
Gebet
Jesus verheißt uns Menschen, die uns annehmen. Nicht nur in den Stunden der Zärtlichkeit und Freude, sondern auch in unserer Fremdheit und unserem Versagen.
Jesus verspricht uns Menschen, zu denen wir nach Hause kommen können, wenn wir beschwert sind von Mißerfolgen und Niederlagen und wenn wir uns selbst nicht mehr leiden können.
Jesus verheißt uns Menschen, die uns verstehen, auch wenn sie unser Verhalten nicht gutheißen können.
Jesus verspricht uns Menschen, die aufrichtig ihre Überzeugung sagen und uns dabei ihre Liebe spüren lassen, so daß wir befreit werden zur Änderung unseres Lebens und für einen neuen Anfang.
Jesus verheißt uns Menschen, die uns herausfordern zum Mitleiden mit allen Menschen, auch jenen, die schwach und verachtet sind.
Jesus verspricht uns Menschen, die nicht zu stolz sind, für ihr Leben und ihre Gemeinschaft mit den Menschen dankbar zu sein.
Amen
Vaterunser
Lied: Selig seid ihr
Selig seid ihr, wenn ihr einfach lebt.
Selig seid ihr, wenn ihr lieben lernt.
Selig seid ihr, wenn ihr Lasten tragt.
Selig seid ihr, wenn ihr Güte wagt.
Selig seid ihr, wenn ihr Frieden macht.
Selig seid ihr, wenn ihr Unrecht spürt.
Selig seid ihr, wenn ihr Leiden merkt.
Selig seid ihr, wenn ihr ehrlich bleibt.
(aus: Peter Janssen, Uns allen blüht der Tod, 1979)

Erinnerungsblatt
Das Ehepaar bekommt ein Erinnerungsblatt überreicht, auf dem ineinander verschlungene Hände zu sehen sind. Neben diesem Bild steht folgender Text:
Die Liebe könnt ihr nicht beherrschen,

mit Gesetzen verbieten, zerstreuen wie im Wind,
die Liebe beherrscht ihr nicht.
Brecht das Brot, trinkt den Wein,
laßt euch auf Liebe ein.
Die Träume könnt ihr nicht erschlagen
mit Ordnungen, Gesetzen, auslöschen wie Licht.
Die Träume erschlagt ihr nicht.
Brecht das Brot, trinkt den Wein,
laßt euch auf Liebe ein.
Die Hoffnung könnt ihr nicht beherrschen
mit Waffengewalt, eindämmen wie einen Fluß,
die Hoffnung beherrscht ihr nicht.
Brecht das Brot, trinkt den Wein,
laßt euch auf Liebe ein.
Unter Bild und Text steht: Wir haben am . . . im Gottesdienst in der Lukas-Kirche die Trauung von N.N. mitgefeiert.
Hier unterschreiben dann alle Gottesdienstbesucher.

Rolf Heinrich

Trauung mit Abendmahlsfeier

Eingangslied

Eingangsspruch Psalm 36,10

Gebet

Trauansprache Psalm 36,6–10
Überschäumender Dank für wunderbare Erfahrungen mit der Güte Gottes! – Und Ihr habt Euch diesen Psalm ausgesucht, weil Euch so »zumute« ist, weil er Euch aus dem Herzen gesprochen ist, weil Ihr in diesen Worten Eure Freude, Euren Dank für Eure persönlichen Erfahrungen mit Gottes Freundlichkeit wiederfindet.
Wo immer Ihr wart und wohin es Euch auch immer verschlug – Gottes Güte war grenzenlos, reichte »soweit der Himmel sich spannt und soweit die Wolken ziehen«, schließt alle mit ein (»Mensch und Tier«). Und wenn wir versagten, schuldig wurden, – Gottes Treue und Liebe zu uns blieb dennoch unerschüttert »wie Berge und Meerestiefen«.
Gott gab Geborgenheit, »Zuflucht unter dem Schatten seiner Flügel«. Er schenkte sattes Leben, war der Quell, von dem alles herkam, was unser Leben froh und hell macht.
Wo kann unsere Ehe besser eingewurzelt sein als hier, und von woher kann unser Zusammengehören in der Ehe mehr Kraft bekommen! Sie wird dann etwas von solcher Güte Gottes widerspiegeln im Umgang miteinander und wird auch die erreichen, die in den Ausstrahlungsbereich unserer Familie eintreten.
Von Gottes Güte her kann unserer Liebe etwas zuwachsen von der Unerschütterlichkeit, die auch dann Treue durchhält, wenn man aneinander schuldig geworden ist. Auch in unserer Ehe können wir dann Gebor-

genheit geben und empfangen – und sattes Leben, das für andre zur Quelle von Freude wird.
Ihr hattet den Wunsch, daß bei Eurer Trauung das Abendmahl gefeiert werden soll, gemeinsam mit den Hochzeitsgästen. Unser Psalm legt das nahe! Denn all die beglückenden Erfahrungen mit der Güte Gottes, von denen wir sprachen, konzentrieren und ereignen sich ja im Mahl Jesu Christi auf ganz besonders einmalige und intensive Weise: die Erfahrung, wie grenzenlos und unerschütterlich die Treue Gottes ist, die alle umschließt: Jünger, Sünder, Treue und Treulose. In der Tischgemeinschaft mit Christus erleben wir Gemeinschaft und Geborgenheit bei Gott. Und hier wird beim Essen und Trinken von Brot und Wein erfahrbar, daß Gott satt macht, Durst stillt, die Quelle erfüllten Lebens und strahlender Freude ist.
»Sie werden satt von den reichen Gütern deines Hauses,
und du tränkst sie mit Wonne wie mit einem Strom«
Zugleich ist dies Mahl von Christus ausdrücklich als Versprechen für die Zukunft gemeint, Verheißung künftiger Güte und Freundlichkeit Gottes. Und so wollen wir dies Mahl auch feiern: als Versprechen Christi an Euch beide und für Eure Ehe, daß Ihr dort auch künftig als sein Geschenk immer wieder neu Gemeinschaft erfahren dürft, unerschütterliche Treue und Liebe, Verzeihen, Geborgenheit, sattes Leben und Freude.

Lied oder Orgelmusik
Trauung
Instrumentalmusik

Wir hören den Bericht von der Einsetzung des Mahles Jesu, wie es das Johannesevangelium erzählt:
»Da hob Jesus seine Augen auf und sieht, daß viele Menschen zu ihm kommen und spricht zu seinen Jüngern: Sorgt dafür, daß sich das Volk lagert. Da lagerten sich bei 5000 Mann. Jesus aber nahm die Brote, dankte und gab sie denen, die sich gelagert hatten, ebenso auch von den Fischen, soviel sie wollten.
Als sie aber satt waren, sprach er zu seinen Jüngern: Sammelt die übrigen Brocken, daß nichts umkomme. Da füllten sie von den 5 Gerstenbroten 12 Körbe mit Brocken, die übrig waren von denen, die gespeist worden waren.
– Danach sagten seine Jünger zu ihm: Herr, gib uns allewege solches Brot. Jesus spricht zu ihnen: Ich bin das Brot des Lebens. Wer zu mir kommt, den wird nicht hungern. Ich bin das lebendige Brot vom Himmel gekommen. Wer von diesem Brot essen wird, der wird leben in Ewigkeit. Und das Brot, das ich geben werde, das ist mein Fleisch, das ich geben werde für das Leben der Welt. Wer mein Fleisch ißt und trinkt mein Blut, der hat das ewige Leben. Wer dies Brot ißt, der wird leben in Ewigkeit« (aus Joh 6)
So schenkt Christus in Brot und Wein sich selbst, und damit Leben. Kommt schmeckt und seht, wie freundlich der Herr ist!
(Der Pfarrer gibt zuerst dem Brautpaar den Brotteller und den Kelch; das Brautpaar gibt beides an die Gäste weiter.)

Danklied
Fürbitte
Vaterunser
Segen

Klaus Zillessen

Mit dem Segen Gottes – Mitteilungen von einem besonderen Versuch

(Predigttext: 4. Mose 6,24ff.)

Das Brautpaar war mir schon länger bekannt. Sie: Mitglied des Jugendkreises meiner früheren Gemeinde, Mitarbeiterin in der Jungschar.
Er: engagiert im Bläserkreis seiner Heimat(kirchen)gemeinde, ein paar Kilometer weiter.
Beide studierten dann in Bielefeld, er: Sport und Mathematik, sie: Sport und Biologie, beide wollten Lehrer werden.

Das Traugespräch fand bei einem Besuchs-Wochenende des Paares in Hagen statt. Das Paar: »Anders als üblich soll unsere Trauung schon sein, wir möchten auch irgendwie mitwirken können, aber wie?«
Mir kam die Idee mit den Wunschzetteln, das Paar hatte die Idee mit dem Gebet, und so stellten wir nach langen Beratungen den Ablauf des Gottesdienstes zusammen.
Ich dachte, als die beiden dann wegfuhren: Mal abwarten. Bis zur Trauung sind noch ein paar Wochen hin, erst mal sehen, ob die beiden wirklich ein Gebet entwerfen und ob sie sich mit ihren Vorstellungen bei Eltern und Verwandten durchsetzen!
5 Tage vor dem Termin der Trauung:
Ich bekomme Post vom Brautpaar, dieser Post liegt ein Gebet bei, außerdem wird mir mitgeteilt: Die »Wunschzettel« sind besorgt. Ich überlege, was das wohl zu bedeuten hat, daß das Paar den Teil »Gegenwart« beim Gebet mir überläßt, dann versuche ich Ansprache und die übrigen Texte zu konzipieren. Es soll alles eine Linie haben, unter das General-Stichwort »Segen« passen.
Der Tag der Trauung:
Letzte technische Abklärung: Zwei Freundinnen der Brautmutter (!) werden die Zettel und Stifte verteilen, ich soll am Anfang nur darauf hinweisen, daß damit etwas geschehen soll, sonst nichts verraten.
Zwei Körbe zum Einsammeln der Zettel sind besorgt, das Einsammeln werden die Brautführer übernehmen (ich denke: Nun haben sie heute tatsächlich eine Funktion!), ich erläutere, wie ich mir die Schreib-Phase vorstelle.
Die Trauung: Alles läuft gut, jeder der gut 120 Gottesdienstbesucher schreibt. Meine Stifte bekomme ich auch wieder.
Die Feier:
In der »toten Zeit« zwischen Mittagessen und Kaffeetrinken sitzen die Brautführer-Paare und die Brautmutter zusammen und lesen die Zettel mit den Wünschen. Immer wieder stößt jemand dazu, hört voll Interesse zu. Die Wünsche: Viel Allgemeines: Gesundheit, Glück usw. (mein Hinweis auf konkrete Wünsche hätte wohl noch deutlicher sein müssen).
Auch lakonische Allgemeinheiten: »Nur das Beste!« Oder Ausweichendes: »Alles, was sie sich selber wünschen« sind zu lesen.
Aber eben gut ein Drittel ist erstaunlich konkret: Z. B. wünscht da jemand »2 Planstellen«, eine bestimmte Schallplatte, die gut gegen

Prüfungsstreß ist, »immer ein offenes Ohr«, »jeden Tag eine kleine Zärtlichkeit«, »soviel Sonne wie heute« usw.
Das Brautpaar war glücklich und vor allem darüber zufrieden, daß es sich gegen die skeptischen Stimmen von Eltern und Verwandten durchgesetzt hatte (übrigens: Vorher bekam ich von dieser Skepsis, die ich immer vermutet hatte, nichts zu hören!).
Sechs Wochen später:
Ich erhalte einen Brief des Brautpaares, der noch einmal die Trauung reflektiert und bei mir außer Freude über das Gelungene eins bewirkt: den festen Vorsatz, so etwas oder ähnliches ruhig öfter anzubieten und zu probieren.

Gottesdienstablauf:
Einzug
Begrüßung
Lied 237,1–4
Predigt
Gebet 1: (Bräutigam) Herr, heute beginnt für uns ein neuer Lebensabschnitt, an dessen Anfang wir schon auf eine gemeinsame Zeit zurückblicken können.
Wir sind dankbar, daß wir, seit wir uns kennenlernten, so viele schöne Stunden erleben konnten, aber auch dafür, daß wir bis heute auch in schwierigen Situationen immer die Kraft gefunden haben, einen gemeinsamen Weg zu gehen.
Gebet 2: (Braut) Herr, wir können nur mit gemischten Gefühlen in die Zukunft blicken, denn einerseits freuen wir uns auf unser weiteres Zusammenleben, andererseits bedrücken uns aber die wachsende Not und Lieblosigkeit in der Welt.
Wir bitten dich: Beschütze uns auch in Zukunft und hilf uns, in Bescheidenheit zufrieden und glücklich zu leben.
P: Herr, dies Paar steht nun heute vor dem Altar. Öffentlich, vor dir und vor uns allen sagen sie heute ja zu einander. Wir bitten dich: Schenke du ihnen deine Kraft, zu ihrem Wort zu stehen. Laß sie Worte finden, die nicht täuschen, Hoffnung, die sich bewährt, Liebe, die jeden Tag aufs neue glaubhaft ist.
Lied 230,2–7
Schriftlesungen
Einleitung zu Segenswünschen:
»Segen wünschen« – was heißt das eigentlich? Wenn man in der Bibel nachliest, staunt man, wie weltlich Segen aussieht:
Segen, das bedeutet Gesundheit, Kinder, viel Besitz, langes Leben – kurz all das, was das Leben gut macht.
Wir alle wünschen Susanne und Peter Segen. Aber jeder von uns hat vielleicht einen ganz speziellen Segenswunsch.
Eben deshalb haben Sie am Eingang einen Zettel und einen Stift erhalten.
Bitte schreiben Sie beim nun folgenden Musikstück der Bläser diesen ihren Wunsch für das Brautpaar ganz kurz auf.
Die Zettel werden dann beim nächsten Lied eingesammelt.

Traufragen

Ringwechsel
Trausegen
Lied 217,1,2,6,7 (Einsammeln der Zettel)
Gebet
Vaterunser
Segen für die Gemeinde
Nachspiel und Auszug

Predigt
Ihr beide erinnert euch sicher: bei der Suche nach einem Trauspruch wurden wir damals bei eurem Besuch in Hagen nicht so recht fündig. Wie er nicht sein sollte, das war euch klar: nicht so negativ, eben keine Aufforderungen oder Ermahnungen, außerdem nicht einseitig, nur für den Mann oder die Frau passend.
Ja, und dann saß ich in dieser Woche da und suchte. Ich habe dann einen Spruch gefunden, der Zuspruch ist und keine Ermahnung. Es ist ein Bibelwort, das ich sehr mag und daß ihr sicher kennt. Es kommt in jedem Gottesdienst vor. Aufgeschrieben ist es im 4. Buch Mose, Kapitel 6, V. 24–26:
»Der Herr segne dich und behüte dich. Der Herr lasse leuchten sein Angesicht über dir und sei dir gnädig. Der Herr erhebe sein Angesicht auf dich und gebe dir Frieden.«
Es kann sein, daß diese Sätze bei manchem durchaus auf Widerspruch stoßen. »Wünschen kann man viel«, denkt vielleicht mancher, aber ob es auch in Erfüllung geht . . .? Und vor allem: Müßte es nicht heißen: »Der Herr segne *euch*« statt »Der Herr segne dich«? Denn die beiden sind ja ein Paar!«
Ich habe darüber ziemlich lange nachgedacht und dann gemerkt: Dieses »Dich« ist schon wichtig. Es macht nämlich deutlich: Diese Bitte um Gottes Segen ist nicht einfach eine Bitte ins Blaue hinein. In der Vergangenheit und in der Gegenwart ist diese Bitte ja schon an euch in Erfüllung gegangen.
Denn in der Vergangenheit seid ihr ja gesegnet worden. Ihr hattet beide ein gutes Zuhause, Eltern, die für euch da waren und es noch sind, ihr seid mit vielerlei Begabungen ausgestattet und vor allem: das ist doch ein Segen, daß Du, Susanne, den Peter und Peter die Susanne gefunden hat. Ein Segen, daß das, was vor Jahren bei euch begann, beim Sport, bei gemeinsamen Konzerten, nicht nur eine flüchtige Bekanntschaft war, sondern Liebe wurde, Liebe, die dauerhaft ist und euch bis hierher geführt hat. Darum: jeder von euch empfindet den andern als ein großes beglückendes Geschenk, eben: als *Segen*. Deshalb meine ich: Dieses »Der Herr segne *Dich«* ist schon richtig und wichtig.
Ja, und um Gottes Segen für eure Zukunft, da bitten wir ihn heute. Das bedeutet einmal: Jeder von euch bittet darum, daß es so bleibt, wie es ist: daß die Frau, der Mann wirklich ein Segen bleibt, daß jeder die Liebe des andern empfängt, jeden Tag dankbar sagen kann: »Was für ein Segen, daß ich dich habe . . .«
»Der Herr segne und behüte *euch . . .«* – Damit bitten wir Gott, daß er *euch beide* segnet, und das beinhaltet: einmal, daß er euch vor Unglück und Krankheiten bewahren möge, daß er euch davor behüten

möge, durch frühen Tod auseinandergerissen zu werden. Und zum andern heißt das auch: Wir bitten Gott, daß ihr glücklich bleibt.
»Der Herr lasse leuchten sein Angesicht über Dir und sei Dir gnädig ...« – wir wissen es nicht mehr von uns selbst. Aber wir erleben das, was hier gemeint ist, an unsern Kindern. Da beugen wir uns lächelnd über das Bettchen, und das ganz kleine Kind lächelt zurück, erwidert das Leuchten des Gesichtes der Mutter oder des Vaters. Und eben dies, was wir an unsern Kindern erleben, wird als Bild auf Gott übertragen.
Ist das für euch als Erwachsene eigentlich wichtig? Nun, ich meine, es gibt Situationen gerade auch für Erwachsene, da ist das ganz wichtig: Wenn die Susanne z. B. traurig nach Hause kommt, weil trotz aller Vorbereitungen die Schulstunde doch nicht richtig gut gelaufen ist, wenn sie grübelt, woran das denn gelegen haben mag, und immer wieder anfängt, davon zu erzählen ... dann ist es für sie ganz wichtig, daß der Peter sich ihr lächelnd zuwendet, ihr zeigt: »Was auch alles falsch gelaufen sein mag, ich halte zu dir, bin dir gut.«
Und wenn der Peter mal deprimiert ist, vielleicht weil wieder einmal eine Absage auf eine Bewerbung eintraf oder weil beim Volleyball-Spiel nichts richtig lief, dann braucht er ein Gesicht bei seiner Susanne, das ihm zeigt: »Da hält jemand zu mir, ganz ohne Vorbehalte, ohne Vorwürfe, da liebt mich eine, wie ich bin.«
Seht ihr, so zeigt euch Gott sein leuchtendes Angesicht. Er benutzt eben auch diesen Mann, deine Frau, um seinen Segen auszuteilen. Und ich finde es ganz wichtig, daß ihr davon ausgehen könnt: Wenn wir mal nicht weiter wissen, wenn wir uns verrannt haben in irgendeiner Sackgasse, dann bleibt als Grund Gottes Liebe zu uns bestehen. Diese Gewißheit: Gott läßt uns nicht fallen, er zeigt uns sein leuchtendes Angesicht, kann ein fester Grund für eure Ehe sein.
Und euer Trauspruch hört auf mit dem Satz: »Der Herr erhebe sein Angesicht auf dich und gebe dir Frieden ...« Ihr kennt das: wenn man sich gestritten hat, dann vermeidet man es, den andern anzuschauen. Jeder sieht angestrengt am andern vorbei, versucht, ihn nicht zu beachten.
Und es gibt Zeiten in der Ehe, da ist man mit seinen Gedanken ganz mit etwas anderem beschäftigt: da hat der Mann dann nur noch Schule im Kopf, und die Frau klagt: »Mein Mann hat noch nicht einmal mehr einen Blick für mich.« Oder da ist die Frau in ein biologisches Präparat vertieft, und der Mann klagt: »Meine Frau sieht mich noch nicht einmal an, wenn ich komme.«
Ich wünsche euch, daß ihr in beiden Fällen erlebt: Mein Mann, meine Frau sieht mich wieder an, weicht mir nicht mehr wütend aus, schaut nicht mehr durch mich hindurch, nein, sieht mich richtig an.
Ihr wißt: Das macht ruhig, das nimmt die eigene Wut, wischt die Enttäuschung über die fehlende Beachtung weg – kurz: es schenkt Frieden. Seht, so gebt ihr an euren Mann, an eure Frau den Segen Gottes weiter. Der erhebe sein Angesicht auf euch und gebe euch Frieden. Ihr, wie wir alle, sind darauf angewiesen, daß Gott nicht einfach über uns hinwegsieht, daß wir ihm nicht gleichgültig sind, daß er uns beachtet. Ihr wie wir sind darauf angewiesen, daß Gott mit seinem Friedensgebot sich durchsetzen kann bei Politikern und Militärs, die manches Mal schon wieder in Gedanken Krieg spielen. Ob Gott den Frieden erhält? Den äußeren

Frieden? Ich meine, das hängt davon ab, wie sehr wir alle bereit sind, auf ihn zu hören, seine Gebote gelten zu lassen.
Aber: Ihr könnt darauf bauen, daß Gott euch nicht übersieht, ihr ihm nicht gleichgültig seid. Denn der Beweis, daß Gott es gut mit euch meint, euch bisher gesegnet hat, der sitzt ja neben einem jeden von euch. Und jeder Gottesdienst soll euch daran erinnern, daß euch Gottes Zusage gilt, daß dieser Segen am Schluß des Gottesdienstes für euch persönlich gemeint ist, so wie heute auch.

Gebet (nach Wunschzettelaktion)

Herr unser Gott!
Zwei Körbe mit unseren Wünschen für dieses Paar stehen nun hier auf unserem Altar. Wünsche, geboren aus der Liebe und Zuneigung zu diesen beiden, Wünsche, geboren aus der Erfahrung, daß es auch schwere Tage geben wird für sie, kleine Wünsche, große Wünsche.
Herr, weil wir wissen, wie wenig wir tun können, damit unsere Wünsche in Erfüllung gehen, bitten wir dich:
Mach an diesem Paar deinen Segen wahr. Schenke du ihnen jeden Tag aufs neue das Vertrauen darauf, daß du dich ihnen in Liebe zuwendest.
Laß sie einander zum Segen werden.
Und gerade an schweren Tagen laß sie erfahren, daß du für sie da bist.
Weil du in Jesus Christus Mensch geworden bist, kennst du unsere Schwachheit und unsere Schattenseiten. Wir brauchen dich. Und wegen Jesu Leben und Tod für uns vertrauen wir auf deine Güte und Gnade.
Wir beten gemeinsam: Vater unser

Helmut Siegel

Mitteilungen von einer kath.-ev.Trauung mit Symbolpredigt

Neulich passierte es! Sie kamen zum Traugespräch und brachten doch tatsächlich Gesangbuch und Bibel mit. Nicht, daß ich das erwarte. Aber das ist mir in meiner 10jährigen Praxis noch nicht vorgekommen. Das ist die große Ausnahme.
Damit wenigstens eine kleine Selbstbeteiligung dabei herauskommt, schicke ich jetzt immer dem Paar lange vor unserem Gespräch ein bißchen Papier zu:
a) Der Anmeldebogen; da können alle wichtigen Daten vom Paar selber schon mal eingetragen werden (was ja fürs Kirchenbuch nötig ist) und das Gespräch ist längst nicht so belastet mit Formalien. Auf dem Bogen habe ich auch gleich ein paar Stichworte vermerkt, die ich mit dem Paar dann noch durchsprechen muß: Blumenschmuck, Kniekissen, Fotografieren, Ringwechsel, Orgeldienst etc.
b) Der Denkzettel; der ist zum Dran-Denken gedacht – daher der Name.

Da steht dann noch einmal die Terminbestätigung drauf für die Trauung selber und auch der Termin für unser Traugespräch. Außerdem findet sich auf diesem Denkzettel der Ablauf der Trauung und ein paar Vorschläge für Trausprüche. Für einen soll sich das Paar bis zum Gespräch entscheiden. Die Beweggründe für die Entscheidung können ja dann eine Rolle im Gespräch spielen!
c) Die Materialien; Gebetstexte, Psalmen, Meditationen, Lesungen, Lieder – eine Auswahl davon zum Ankreuzen. Das Paar stellt sich sozusagen seine Trauung zusammen. Von diesen Materialien braucht man ja nur wenige Exemplare. Die können immer wieder verwendet werden. Auf einem Extra-Blatt vermerkt das Paar dann nur den entsprechenden Text an der entsprechenden Stelle.
Ich mache die Erfahrung, daß auf diese Weise mehr Eigenbeteiligung der Paare ermöglicht wird und auch ein wenig mehr inhaltliche Auseinandersetzung mit dem Kasus. Ich selber bin dann nicht nur der Zeremonienmeister, der alles im Griff hat. Ich bin auch nicht der, der eine Menge an Informationsvorsprung hat – das Paar ist ja sozusagen eingeweiht und schon ein Stück vertrauter mit seiner kirchlichen Trauung.
Ich komme auf diese Weise auch schneller zu inhaltlichen Fragen und vorsichtigen, tastenden Versuchen, den Kasus zu deuten und in Sprache zu fassen, was oft nur undeutlich gefühlt wird. Ich sehe darin eine wichtige Aufgabe im Traugespräch, aber auch von Kirche überhaupt.

Predigt*
Ich denke, daß die Form der kirchlichen Trauung, die Sie beide gewählt haben, nicht ohne Sinn ist. Jedenfalls bringe ich das so zusammen in meinen Gedanken, wenn ich zurückdenke an unser lebendiges Gespräch. In dieser Form der Trauung soll heute auch Ihre Offenheit füreinander zum Ausdruck kommen. Sie beide lassen sich Ihre Konfession und machen die Frage nach der Konfession nicht zur belastenden Gretchenfrage für ihre Ehe.
Sie sind bereit, andere Farben gelten zu lassen. So wie wir beide – der Herr L. (=kath. Pfr.) und ich – unsere Farben gelten lassen: das Schwarz und das Weiß.
Dabei sind wir uns durchaus über die Geschichte unserer Farben im klaren. Zu deutsch: wir leugnen nicht, wer wir sind und warum wir so sind und wo wir beim anderen unsere Fragen haben. Ja, und ich habe den Eindruck, Sie beide haben sich vorgenommen, genau in diesem Sinn miteinander umzugehen. Das will ich an dieser Stelle öffentlich aussprechen, weil ich es für wert erachte, an diesem festlichen Tag es festzuhalten für die Zukunft.
Wenn ich mich so umhöre, dann ist ja diese Offenheit, die Sie beide praktizieren wollen, durchaus nicht an der Tagesordnung! Was Sie versuchen wollen: Toleranz einüben – den Partner gelten lassen – sich nicht gegenseitig festlegen . . . das halte ich für enorm!. . . e-norm . . . außer jeder Norm . . . unüblich!

* Die Idee zu dieser Zeichenhandlung habe ich von Pfr. Ernst Sieber aus Zürich. Er hat das mit dem Rahmen in einem Wort zum Sonntag im Schweizerischen Fernsehen gemacht. Das hat mich so beeindruckt, daß ich es übernommen habe.

Normalerweise sitzen die Bilder, die man sich so vom anderen macht, ja ungeheuer tief.
Die Protestanten in Kevelaer – das waren vor Jahrhunderten die Geusen, und auch heute noch meinen manche Katholiken, ein echter Protestant zeichne sich dadurch aus, daß er ungläubig ist. So wie bei den Protestanten das Bild vom falschen Katholiken noch tief verwurzelt ist.
(Ich nehme einen Holzrahmen zur Hand.)
Man macht sich so sein Bild vom anderen. Das hat man halt mitbekommen in seiner Erziehung z. B. oder man hat so seine Erfahrungen gemacht. »Das ist ja nun wieder typisch«, wird dann gesagt. Von der einzelnen Erfahrung wird gleich aufs Ganze geschlossen, wird verallgemeinert. »Das ist typisch für dich« – kenn' ich – so einen Satz. Hab ich auch schon gesagt ... zu meiner Frau ... zu meinen Kindern ... zu meinen Freunden. Das ist ja typisch. Das Urteil steht fest. Da kann der andere sich abstrampeln, wie er will. Hilft alles nichts! Man wird immer nur das suchen, was man halt so an Typischem erwartet. Alles aber, was untypisch ist, wird man geflissentlich übersehen, überhören – gar nicht wahrnehmen. Damit fängt das Übel an. *Über* sehen! *Über* hören! Nicht ernstnehmen, was der andere sagt oder tut – dem allen gar kein Gewicht beimessen.
Der andere, der merkt das. Klar. Bei jedem »typisch« stößt er sich am Rand des Bildes. (... mache ich mit dem Rahmen vor!) Das tut weh. Aber er kommt nicht raus und bleibt in dem Bild stecken, das der andere sich macht.
Max Frisch hat so etwas erzählt in seinem Roman »Stiller«. Stiller, das ist die männliche Hauptperson. Julia, seine Frau. Die beiden trennen sich. Nach Jahren sehen sie sich wieder. Julia *über* sieht und *über* hört. Er – Stiller – reagiert und sagt: Ich bin nicht Stiller.
Er hat die Kraft, sich gegen das Bild zu wehren, das seine Frau sich von ihm macht. Für einen kleinen Moment sieht es so aus, als gelänge das Zerbrechen des Bildes. (Ich tue das mit dem Rahmen).
Es sieht so aus. Aber Julia, der gelingt das nicht. Sie kommt einfach nicht los von ihren Vorurteilen ... kann sich davon nicht befreien. Und er – Stiller – bekommt das Bild, das ihm gemäß ist, nicht hin. Er kann es nicht vermitteln – er kann nur das alte Bild zerstören.
Stiller und Julia können nicht lieben. Aber ich halte Ausschau nach Liebe an Ihrem Festtag. Ich suche nach einer Liebe ohne Vorurteile ... mit Offenheit ... mit Freiheit.
(Ich mache aus den beiden Rahmenhälften ein Kreuz, unter das ich mich stelle – besser: in das ich mich hineinstelle.)
So, denke ich: Das ist Liebe. Hier ist viel Platz für jeden von uns. Viel Freiheit. Das ist Liebe, wie Gott sie versteht. Gott ist Liebe. Hier – im Kreuz – ist zu sehen – deutlich –, was für eine Gestalt Gottes Liebe hat.
Der Stiller hat hier Platz. Die Julia, die hat hier auch Platz. Sie wird dann spüren, daß Gott sich halt *kein* Bild von ihr macht. Mag sein: sie spürt es wirklich und wird so frei von dem Zwang, sich von Stiller ein Bild zu machen.
Ich denke, wenn Ihre Liebe gelingen soll ... Bestand haben soll, dann werden Sie an dieser Gestalt der Liebe nicht vorbeikommen. Sie dürfen

dann diese Liebe nicht *über* sehen. Gott ist Liebe. Wenn Sie beide bleiben in dieser Liebe, wird Gott in Ihnen sein. Übersetzt: wird Sinn in Ihrer Liebe sein . . . tiefer . . . beglückender . . . befreiender Sinn.

Volker Raettig

Mitteilungen über Traugespräche

I.

Anfangs sitzen mir beide ein wenig verkrampft gegenüber, sie beeilt sich, ihre Konfirmationsurkunden aus der Tasche zu ziehen, während er erklärt, sie seien keine Kirchgänger, aber glauben könne man ja auch ohne Kirche (warum begegnet eigentlich die Angst vor dem Pfarrer als Glaubens-Examinator gerade in Traugesprächen so häufig?). »Erzählen Sie mir einfach von sich«, bitte ich, »ich möchte Sie gern ein bißchen kennenlernen. Wie haben Sie sich denn kennengelernt?« Das bricht den Bann, öffnet die Schleusen. Ich höre zu, begleite die beiden bei ihrem gemeinsamen Rückblick, erfahre von ihrem Engagement bei den Naturfreunden, von ihren »Ehejahren ohne Trauschein«, von ihrer Angst vor »dem endgültigen Schritt«, vor dem so viele sie gewarnt hätten und den sie auch nur wagten«, weil wir in nächster Zeit einmal Kinder wollen«. Dann kommen sie auf die kirchliche Trauung zu sprechen, die für sie einfach dazugehöre, obwohl viele »Naturfreunde« dagegen seien, aber trotzdem: das Standesamt allein sei doch zu nüchtern, sie wollten eine richtige Feier, falls ich verstünde, was sie meinten . . . »Ja«, sage ich, »das Feierliche ist ja ein Ausdruck dafür, daß Ihre Liebe zueinander tiefgeht und etwas Wunderbares ist, das man mit Worten gar nicht so einfach beschreiben kann – für mich hat sie gerade darum mit Gott zu tun . . .« Die anfängliche Scheu ist jetzt weg, ganz unbefangen fragen sie mich, ob ihre beiden Denksprüche sich für die Trauung eignen könnten, wir reden darüber, besprechen dann erst Fragen nach dem Verlauf der Trauung. Zum Schluß bitten sie mich: »Wissen Sie, es werden viele in der Kirche bei der Trauung sein, die von der Kirche nichts wissen wollen – vielleicht können Sie irgendwie auch an die denken.«

Das versuche ich. Im Traugottesdienst werden Menschen sein, die das Brautpaar kennen, manches von seinem Leben wissen – sicher mehr als von der biblischen Tradition. Ich möchte gerne beides miteinander verbinden, damit das Brautpaar und die es begleitende Hochzeitsgemeinde erfährt: dieses biblische Wort ist zu uns gesagt, ist Leitspruch für unser Leben. Wenn sie im Gottesdienst nur spüren: wir kommen selber vor in der Predigt, genügt mir das als Zeichen der nahen, helfenden Liebe Gottes. Den Text der Ansprache zum Nachlesen und Weiterdenken schenke ich ihnen zu ihrer Bibel.

Renate Ganzhorn-Burkhardt

II.

Das Traugespräch beginnt mit der (meistens telefonisch vorgenommenen) Anmeldung beim zuständigen Pfarrer und der Terminabsprache für die Trauung sowie für einen Gesprächszeitpunkt. Der erste Eindruck vermittelt sich dadurch, *wer* diesen Schritt tut: die Braut, der Bräutigam oder (nicht eben selten) eine der Mütter, denn »die Kinder haben gerade so viel zu tun« oder »sitzen im Examen« oder »wohnen weit weg und haben mich gebeten, schon mal die Organisation zu übernehmen«.

Für das Traugespräch selber haben viele Kollegen die Gepflogenheit, in ihrem »Amtszimer« Wein und etwas zu knabbern anzubieten. Ich tue das in der Regel nicht. Neuerdings beginne ich aber dazu überzugehen, die Brautleute nicht mehr zu mir zu bitten, sondern zu ihnen zu gehen, sofern sie in meiner Gemeinde und bereits zusammenwohnen. Dies läßt sich am Telefon schnell erfahren durch die Frage danach, wo jeder von beiden wohnt – um eventuelle Zuständigkeitsprobleme zu lösen. Durch das Innere ihrer Wohnung erleben ich gleich etwas vom Interieur ihrer Lebensweise.

Die Frage nach einer sog. »christlichen Ehe« – wie sie alte seelsorgerliche Empfehlungen vorsehen – stelle ich nie, weil ich gar nicht weiß, was das ist. Vom Glauben beider erfahre ich lieber auf anderen Wegen. So können meine Fragen – nach oder beim Ausfüllen des amtlichen Trauungsformulars – etwa lauten:

– Können Sie sagen, was Ihr Partner besonders gut kann?
– Was schätzen Sie an Ihrem Partner ganz besonders?
– Worüber haben Sie sich schon oft (vielleicht erst gestern oder heute noch) bei Ihrem Partner geärgert?
– Was machen Sie nach Feierabend oder im Urlaub?
– Haben Sie Interesse am Beruf des andern? Verstehen Sie etwas davon?
– Wie denken Ihre Eltern und Ihre Freunde über Ihre Ehe?

Durch solche und ähnliche Fragen haben sich bisher immer sehr intensive Gespräche ergeben, die den Partnern selber noch Neues übereinander gebracht haben und dem Pfarrer genügend »Stoff« für die Verbindung von dem durch das Paar gewählten Text und ihrer Beziehung zueinander gaben. Denn wenn Trauung eine »Kasualie« ist, dann geht's nicht nur um den »Fall« Trauung, sondern um diese eine Ehe dieser spezifischen »Anfänger«.

Wolfgang Gerlach

Zur sog. »Ökumenischen Trauung«

Schon gleich bei der Anmeldung, wenn ein solches Ansinnen kommt, weise ich darauf hin, daß es eine »ökumenische Trauung« eigentlich gar nicht gibt; vielmehr gebe es entweder eine evangelische Trauung in einer ev. Kirche unter Mitwirkung eines katholischen Geistlichen oder vice versa. Für eine katholische Trauung, die also mit katholischem Ritus erfolgt, bedürfe es auch keiner »Dispens von der Formpflicht« (das erkläre ich dann). Und bei einer ev. Trauung rate ich stets zum Einholen einer Dispens, gleichgültig ob sie mit oder ohne einen katholischen mitwirkenden Geistlichen erfolgt.

Neuerdings sind wir ev. Kollegen mit unseren katholischen Brüdern

übereingekommen, im Falle eins glaubensverschiedenen Paares, das sich die Mitwirkung der Pfarrer aus beiden Konfessionen wünscht, das Traugespräch zu viert zu führen. Dann hört jeder vom anderen, was er, sei es in eigner Verantwortung, sei es aufgrund seiner (kath.!) kirchlichen Richtlinien fragt, fordert oder empfiehlt. Denn die Formulare des (kath.) sog. »Brautexamens« sind manchmal sehr unterschiedlich. Gewitzte Kapläne versuchen gelegentlich die Intransigenz, mit der die kath. Kirche auf der Kindererziehung im römisch-katholischen Glauben besteht, herunterzuspielen mit der Bemerkung, sie würden hier nur noch die alten Formulare aufbrauchen, ehe sie dann zu den moderateren neuen Ausgaben übergingen! Erste Erfahrungen haben gezeigt, daß dieses Gespräch unter acht Augen gerade auch dem Brautpaar sehr wichtig insofern werden kann, als die beiden hier zum ersten Mal so intensiv über Glaubensfragen aus ihrer Kirche sprechen.
Wie weit ein solches Gespräch »missionarisch« sein kann oder gar muß, lasse ich hier unbeantwortet, da mir die »Missionare« dieses Terrain allzu leicht als »Jagdgebiet« betrachten, wie selbst ein Mann vom Schlage des Praktischen Theologen Niebergall (Die Kasualrede, 1905, S. 27 f.) schreiben kann: »So bekommen die Pfarrer in der mittleren und erst recht in der größeren Stadt gar manchen vor die Flinte, der der kirchlichen Beeinflussung sonst unzugänglich bliebe«. So geißelt Bonhoeffer aus der Zelle von Tegel 1943 mit Recht jenes »Jagdgebiet der modernen Seelsorger« und deren Versuch oder Versuchung zu »religiöser Erpressung« der Gemeindemitglieder (WE S. 172).

Wolfgang Gerlach

Was Brautpaare vor einer Trauung in Kettwig auch wissen sollen

– *Blumenschmuck*
Für persönliche Wünsche im Blick auf die Ausschmückung des Altars setzen Sie sich mit unserem Küster, Herrn NN, in Verbindung. Er ist zu erreichen: di. 45 42, priv. 21 18.
Das Blumenstreuen in der Kirche durch Blumenkinder ist nicht möglich.
– *Stammbuch*
Bringen Sie bitte das Stammbuch einen Tag vor der kirchlichen Trauung zum Ausfüllen ins Gemeindeamt oder aber, wenn dies nicht möglich ist, am Tage der Trauung in die Kirche mit (ohne Vorlage des Stammbuchs darf keine Trauung vorgenommen werden!).
– *Kollekte*
Am Schluß des Traugottesdienstes wird eine Kollekte am Ausgang gesammelt. Sie haben die Möglichkeit, selber eine Zweckbestimmung auszuwählen.

– Fotografieren

Aufgrund eines Presbyteriumsbeschlusses ist das Fotografieren in der Kirche während jedes Gottesdienstes (also auch während einer Trauung) untersagt. Auf Wunsch sind die Pfarrer bereit, sich nach dem Gottesdienst für ein Foto am Altar zur Verfügung zu stellen.

– Pferde auf dem Kirchplatz

Da sich herausgestellt hat, daß das kleine Steinpflaster den Pferdehufen nicht standhält, muß der Kirchplatz von Pferden freigehalten werden.

Zum Traugottesdienst

Zur Vorbereitung für das Traugespräch mit dem Pfarrer stellen wir Ihnen nachstehend Bibeltexte zusammen, die Ihnen Anregung zur Auswahl eines Trauspruchs geben sollen. Das gleiche gilt für die Auswahl der Lieder, deren Numerierung dem gegenwärtigen gültigen Ev. Kirchengesangbuch folgt. (In der Regel sind zwei Lieder vorgesehen.)

(Bitte bringen Sie diesen Zettel für das Traugespräch mit, um evtl. Einzelheiten zu erläutern.)

Zur Auswahl oder weiteren Anregung bei der Suche nach einem Trauspruch

(in der Reihenfolge des bibl. Kanons)

2. Mose 20,4
Psalm 36,8
Psalm 118,24
Jesaja 54,10
Jesaja 55,8 und/oder 9 oder 12
Ruth 1,16. f
Matthäus 5–7 (ein Vers daraus)
Lukas 6,37 b + 38 a
Römer, 13,8
Römer, 15,7
1. Korinther 13 (ein Vers daraus)
1. Korinther 16,14
Galater 6,2
Epheser 4,2 f.
Philipper 2,2–5 (ein Vers daraus)
Philipper 3,12
Kolosser 3,12–17 (ein Vers daraus), bes. 3,13
1. Petrus 4,10
Hebräer 10,24

Liedvorschläge
(nach ev. Kirchengesangbuch)
336,1–4;
231,1+2+5+6;
198,1+6;
208;
234;
197, 1+4+8;
227,1.6–8;
228,1+2;
218,5–7.

W. Gerlach

Trauung als Heiratszwang?

Ein nicht ganz überflüssiger Briefwechsel zur Hochzeit

Lieber Martin,
zu Eurer Trauung möchte ich Euch herzlich gratulieren. Leider habe ich überhaupt nicht verstanden, daß Du die Anzeige eines so schönen und wichtigen Ereignisses, das Du in der Kirche feierst, mit einer Institutionskritik verbindest und Deinen Freunden den Eindruck vermittelst, als würde die Kirche Euch zur Trauung zwingen. Es ist doch die eigene Entscheidung, die Ihr feiert. Es ist doch die Gewißheit, daß Ihr ein Leben lang ja zueinander sagen könnt, die Ihr Euch bewußt macht. Und es ist in der Tat Grund genug zu einem Fest, wenn zwei Menschen das entdecken. Und es ist auch Anlaß zum Dank. Eure Beziehung verdankt Ihr ja nicht nur Euch selbst. Es ist nicht der Zufall, der Euch zusammengeführt hat. Da sind eine ganze Reihe von Menschen, die Euch begleitet haben. Einige haben auch für Euch gebetet. Andere haben Euch geprägt mit ihrer Liebe. Das weißt Du alles. Ich verstehe Dich nur schlecht, wenn Du diesen Tag von der kritischen Seite angehst.

Vielleicht brauchen wir alle mehr Geduld. Der Baum, den L. für Dich gefunden hat, wird Dich daran erinnern. Bei den Schwestern von Pomeyrol habe ich einen Satz gefunden, über den Du vielleicht auch nachdenken willst: »Versuche nicht, Gutes zu tun, sondern lebe in Gott, so wird das Gute aus Deinem Leben fallen wie die Frucht fällt vom Baume.«

In der Verbundenheit des Glaubens
Dein
F. B.

Lieber F. B., liebe L.
Vielen Dank für das Geschenk, den Lebensbaum, aus der sogenannten dritten Welt. Er zeigt recht gut, daß der lebensspendende Geist bei den Armen dort wohnt und daß unser Bekenntnis zum gekreuzigten Christus immer ein Bekenntnis zu den Gekreuzigten der Erde sein muß.

Nach dieser fast paulinischen Einleitung nun noch ein paar Zeilen zum Thema »Institutionskritik« an der Kirche. Ich weiß nicht mehr genau, was ich geschrieben habe, doch ich nehme an, daß es um den Heiratszwang der Kirche geht.

Meine Kritik richtet sich nicht gegen die kirchliche Trauung, sondern gegen das aufgesetzte bürgerliche Gesetz, das nur der Gemeinschaft von Mann und Frau rechtliche und steuerliche Vorteile gewährt und das der gesellschaftlichen Diffamierung anderer Lebensformen Raum gibt. Auch die Kirche macht da ganz schön mit, wenn sie Wohngemeinschaften in Pfarrhäusern untersagt. Wenn sie dazu schweigt, wo Homosexuelle kriminalisiert werden. Ich nenne das nur als Beispiele.

Unter anderen Umständen hätte ich für uns einen anderen rechtlichen Rahmen gewählt, der mich mehr mit der Thorah, im messianischen Sinne, verbindet.

Ich muß ganz ehrlich sagen: über den Zwang, die hohe Ehemoral der Kirche, bin ich erbost. Sie widerspricht der Bibel. Dort ist das Hauptmotiv

für die Ehe die menschliche Not der Einsamkeit (»Es ist nicht gut, daß der Mensch allein sei«). – Diese Moral widerspricht auf der anderen Seite auch der kirchlichen Praxis. Ich frage mich oft, wo bleibt sie im Blick auf ihre Amtsträger in wichtigen Positionen?
Vielleicht geben diese Zeilen ein wenig mehr Aufschluß über mein Denken als eine Benachrichtigungskarte. Meinem alten Pfarrer bin ich immer noch dankbar für ein Stück Wegbegleitung meines Lebens. Ich hoffe, wir haben mal mehr Zeit zum Gespräch.
Liebe Grüße
M. + E.

Friedhelm Borggrefe

Verzeichnis der Bibelstellen

Die Autoren

Pfarrer Michael Becker, Marburg. Dekan Dr. Friedhelm Borggrefe, Ludwigshafen. Pfarrer Günter Bublitz, Düsseldorf. Pfarrer Heinz-Martin Dormann, Mering. Pfarrer Klaus Eulenberger, Hamburg. Pfarrerin Renate Ganzhorn-Burkhardt, Tübingen. Pfarrer Heinz Gerlach, Marburg. Pfarrer Dr. Wolfgang Gerlach, Kettwig. Pfarrer Dr. Rolf Heinrich, Gelsenkirchen. Pfarrer Eckard Herrmann, Burghausen. Pfarrer Bernhard von Issendorff, Frankfurt. Pfarrer Ulrich Kadelbach, Heilbronn. Pfarrer Heinz-Dieter Knigge, Göttingen. Pfarrer Wolfhart Koeppen, Stuttgart. Pfarrer Klaus-Dieter Makarowski, Alfeld. Pfarrer Klaus von Mering, Langeoog. Pfarrer Horst-Werner Neth, Jettingen. Pfarrer Volker Raettig, Kevelaer. Pfarrer Jochen Rieß, Marburg. Dekan Karl-Heinz Ronecker, Freiburg. Pfarrer Hans Schmiedehausen, Kassel. Pfarrer Dr. Claus-Dieter Schulze, Berlin. Pfarrer Dieter Schupp, Eisenberg. Pfarrer Andreas Seifert, Burgwedel. Pfarrer Helmut Siegel, Hagen bei Bremen. Pfarrer Klaus Zillessen, Kirchzarten. Propst Dr. Christian Zippert, Marburg.